西部
文化
旅游丛书
XIBU WENHUA

西部文化
旅游丛书 LUYOU CONGSHU
XIBU WENHUA

中国石窟走廊之旅

ZHONGGUO SHIKU
ZOULANG ZHILV

胡杨◎著

盛宴与荣耀之地

敦煌文艺出版社

图书在版编目（C I P）数据

中国石窟走廊之旅 / 胡杨著．-- 兰州 ：敦煌文艺出版社，2019.8（2021.6重印）
ISBN 978-7-5468-1770-5

Ⅰ．①中… Ⅱ．①胡… Ⅲ．①石窟－研究－中国 Ⅳ．①K879.204

中国版本图书馆 CIP 数据核字（2019）第 158137 号

西部文化旅游丛书

中国石窟走廊之旅

胡 杨 著

项目策划：杨继军
项目负责：田 园 马吉庆
项目统筹：马吉庆 徐 淳
责任编辑：赵润瑜 李 佳
装帧设计：吉 庆

敦煌文艺出版社出版、发行
地址：（730030）兰州市城关区读者大道 568 号
邮箱：dunhuangwenyi1958@163.com
博客（新浪）：http://blog.sina.com.cn/lujiangsenlin
微博（新浪）：http://weibo.com/1614982974
0931-8773148（编辑部） 0931-8773112（发行部）

三河市明华印务有限公司印刷
开本 787 毫米 ×1092 毫米 1/16 印张 12.5 字数 189 千
2020 年 1 月第 1 版 2021年6月第2次印刷
印数：2 001 ~ 5 000

ISBN 978-7-5468-1770-5
定价：68.00 元

目 录 | CONTENTS

引言

从印度孔雀王朝开始，佛教传播的洪流便分别向南北两个方向蔓延。南传佛教主要影响了缅甸、泰国、柬埔寨、斯里兰卡等地。北传佛教又分为两支，一支从印度抵达西域，在汉朝时传入中国，称为汉传佛教；另外一支则主要在西藏地区传播，称为藏传佛教。而从西域到达河西走廊，再由河西走廊传入中原的佛教传播又称为佛教的东传。这条与古代丝绸之路相融合的佛教传播之路，浸染了民族文化的色彩，完成了佛教中国化的过程。这条传播线路上的众多石窟，不仅是佛教史上的奇葩，更是世界文化的瑰宝。一座座屹立千年的石窟，构筑了佛教传播的路标。

2500 多年前，悉达多・乔达摩王子在菩提树下大彻大悟。这些大彻大悟的心得，奠定了佛教最初的理论根基。在佛教传播的道路上，它们一路生根、发芽、壮硕，表现在真实的景观中，则是一处处石窟。把这些石窟连成一串，就是一部佛教的传播史。印度佛教经南北、陆海两路不断传播、扩散，经历了一个辉煌的时代。

最早的石窟诞生于印度

走进印度，仿佛空气中都弥漫着佛教的气息。在古老的印度石窟前，我仔细寻觅佛教渊源的蛛丝马迹，与我走过的许多中国的佛教石窟相比，它们更加彰显了未来世界的美妙，使人禁不住忘却了此生的痛苦。一开始，这些固定的石窟就成为人们心灵的栖所，人们走进去，又走出来，使佛教深入到了更广大的地方。

印度的学者告诉我，最初人们谈到佛陀和佛法时，把它们比作一团云，这团云给夏季遭受干旱的土地降下焕发生机的雨露。这些内容，正好符合了干旱地区居民的现实追求。在广阔的干旱区，水是命脉。在没有接受佛教之前，人们只是恐慌地接受雨露的滋润；而信仰了佛教之后，雨露则是佛的赐予。人们在享受了上天的雨露之后，总是不由自主地想起了佛陀，在佛陀的供奉地——石窟，感激佛陀的赐予。

在印度，早期的佛教造像只雕塑佛座、佛发、佛足和菩提树来表现佛或佛说法的场景。这种简洁明快的形式，只显现了佛的存在和佛的睿智。最早的石窟是比哈尔邦格雅城北的巴拉巴尔石窟群，开凿年代约在前 3 世纪的孔雀王朝时代。佛寺建筑皆为木构茅棚，石窟为仿木构形制。它的凿石技术和精心修饰代表着印度石窟艺术传统的开端，直接影响了后来的石窟。经过逐步发展，石窟建筑规模越来越大，形成两类主要形制——佛殿和经堂式石窟，为僧徒们提供了静思修行的场所，这是很重要的变化，使佛与僧徒有了一个近在咫尺的交流空间，感悟可以面对面地互相传递。在这里，多数重要石窟都兼有佛殿和僧房两种形制。

现存的早期佛教石窟中，最早的佛殿式石窟以位于孟买东南的巴查石窟为主要代表。该窟既有佛殿也有僧房，约凿于前 2 世纪初。殿堂上承茅棚式拱顶；殿堂终端呈半圆形，正中立佛塔。佛塔的位置无论从形式上还是在人们的心灵中，都趋于一个中心的位置，以突出神圣感。门面凿出窗、露台等，结构仍沿袭木构寺庙。就是这些窗和台，透露了一个信息：佛的出世与入世。到公元 1 世纪前后，佛殿式石窟逐渐抛弃仿木结构而自成一体，其杰出代表就是卡尔利石窟的大佛殿。佛的世界毕竟是人们精神的栖所，而这个栖所的独特性，也就是佛的世界的魅力。卡尔利石窟位于孟买东南，大佛殿由中堂和两侧堂组成，以列柱间隔。门面为石刻结构，门前立双石柱，莲花形柱头上刻四狮连体并立像。大门与殿堂之间为门廊，三面遍布浮雕，装饰极为富丽精美。这些用大量物质财富创造的佛陀氛围和佛陀形象，是人们憧憬未来的素材，而这种追求的坚忍不拔，才是推动佛教传播的动力所在。

佛教正是因为切中了人们的精神需求，所以才能不断蔓延和传播

正因为佛教切中了人们内心的精神需求，佛教之风才吹向亚洲各地。但东南亚开凿石窟甚少，继承石窟艺术传统的只有阿富汗和中国。阿富汗巴米扬等地的石窟汇聚了印度石窟建筑和犍陀罗艺术的成果，将石窟和巨型造像结合起来。这种结合，使高大的佛真正立于天地之间和人们的心灵之中。

因为地理位置的重要，印度、西亚与中亚的文化在巴米扬交会碰撞，随之佛教很快就融入了这股巨大的文化交流的洪流之中，产生了著名的巴米扬石窟。巴米扬石窟拥有两项世界之最：巴米扬石窟是现存最大的佛教石窟群，巴米扬大佛则是世界上最高的古代立式佛像（2001 年 3 月 12 日，大佛遭到塔利班政权的残酷轰炸，已面目全非）。大唐高僧玄奘当初西行时没有错过这里，他的《大唐西域记》曾经描述了这里的佛教寺院和石窟。可惜，现存的巴米扬石窟已是满目疮痍，与玄奘的描述有天壤之别。

佛教经古老的丝绸之路传入中国。西域是佛教东传过程中的必由之地，中国古代西域的石窟，诸如龟兹石窟等，与巴米扬石窟一样均在这一道路上。可见，佛教的传播，呈现出的是一种极具生命力的发散状态。

我常常在西部的土地上行走，我能够想象，在遥远的古代，在天高地阔的西域，面对神秘的自然天象和无尽的人生苦难，生活在绿洲上的人们是多么需要信仰。就这样，在寂寞的岁月里，人们把春天的耕种和秋天的收获，把每一刻的幸福与光荣，都归功上天的赐予，而这“上天”与佛教的理论如出一辙。从接受佛教的那一刻开始，佛对于人们来说，位于一条救世之路的终点，是遥

远的“佛国”的中心，而寺院或石窟则是通向这佛国的唯一通道。

因而，古代的西域，也就是现在的新疆地区，石窟的开凿很是盛行。分布在这一地区的石窟约始凿于公元3世纪左右，从南疆的库车，到东疆的吐鲁番一带，我走过的许多峡谷中都有洞窟。从周围的环境来看，大多宁静而幽雅，恍若世外桃源。这从根本上体现了佛国的特征——宁静。

新疆石窟中的雕刻艺术多为彩塑，也有木雕和个别石雕。壁画艺术在新疆石窟中占有突出地位，其使用的绘画法采用古代西域流行的晕染法，即凹凸法，结合“铁线描”式的轮廓勾勒。

克孜尔石窟是个典范。它始凿于公元3世纪左右，于8世纪后逐渐被废弃，石窟群分谷西区、谷内区、谷东区和后山区，绵延3公里，内存壁画约1万平方米，多描绘小乘佛教内容。除了表现宗教内容以外，还有许多壁画表现了耕种、狩猎、商旅来往、音乐舞蹈和民族风貌的画面，而正是这种佛教民族化、地域化的表现，促进了中国石窟艺术“龟兹模式”的形成。

丝绸之路上的生活，从一个绿洲到另一个绿洲，定居者的活动半径是十分有限的。但他们通过佛教，摆脱了狭窄的生活圈子，为自己创造了现实视野之外丰富多彩的世界。从丝绸之路的许多绿洲间存在的石窟，我们可以看到，早期的佛教艺术只是用示意的手法表示景物，例如，通过树木或者河流之类的自然物表示事物发生的地点。而库车、吐鲁番乃至敦煌的风景画，则起了布景的作用，佛陀画像或者佛教故事往往被安排在布景之中。这是佛与现实世界的割裂，这种割裂，虽然有树木或者河流之类的自然物进行弥补，但终究是生涩的。

佛教在东传过程中，有一个“入乡随俗”的嬗变

佛教思想产生于印度，经过千余年之后，它却成为中华文化的精髓，这不能不说是世界文化史上的奇观。然而，从印度到西域既而中原，佛教的本土化、

民族化的演进并不像春风激荡、万木葱茏那样流畅。敦煌研究院原院长段文杰先生认为，佛教，是外来教，初入中国时“大受排斥”，曾先后出现过“佛儒之争”“华戎之争”“佛道之争”“黑白之争”“神灭与神不灭”等一系列矛盾。但佛教极力将其思想与儒家思想、玄学糅合在一起，以适应当时的历史环境。因而，在佛教的东渐过程中，它还有一个“入乡随俗”的嬗变。

拿敦煌莫高窟来说，这种嬗变就更为强烈，它是在具有深厚汉晋文化传统、又大量吸收外来艺术营养的沃土中成长起来的中国式的佛教艺术殿堂。在我采访段文杰先生时，他结合莫高窟的雕塑和壁画形象而生动地概述了这个问题：在菩萨形象中，在故事画中，出现了中原汉装或南朝名士的形象，展现了潇洒飘逸的精神风貌，在静的境界里增添了动的情趣，突破了西域佛教艺术的规范，形成了中国式的佛教艺术体系。

随着时间的推移，在敦煌莫高窟洞窟的形制上，人们取消了中心塔柱，形成了一个更大的佛殿，佛殿正面是佛陀及两侧的陪伴人物。这里所表现的，就是想象中的在宇宙内普遍存在的可实现的超脱。从环境上看，洞窟更加庄重和幽静。

敦煌莫高窟里的菩萨处于佛陀与众生之间的地位，他们直接面向寻求解脱的人，引导他们皈依佛门或信任佛的教义。敦煌壁画中有许多鲜活的佛经故事，这些故事告诉人们，就连佛的前世，也是一名普普通通的生者，只是在通往超脱的道路上，有一颗恒久的虔诚心。

在敦煌石窟的穹窿顶上，常常画着装饰图案，图案的中心是个圆，意思是超然于尘世之上。这种超脱含义可通过这种形式而进一步强调出来：在穹隆顶圆形装饰花中心部位，画着骑着自己的坐骑、离开象征着尘世的家庭而出走的佛陀。这是很重要的信息，能使绿洲上的佛教徒们从形象的壁画上看见自己未来的情形，从而让他们有了信仰的力量。

到唐代时，敦煌洞窟里的风景画开始有了实际的价值。这首先是因为洞窟是展现宗教故事的场所，而宗教故事反过来又使洞窟成为必要条件。正是洞窟里的这些画，使佛显得亲切而耐人寻味。

另外，佛教在丝绸之路上的兴盛，还要归功于那些奔波的商旅，他们的经历，很好地解释了佛的存在。并且，他们也不遗余力地弘扬佛法，用自己的一部分积蓄开窟造佛。因为，对他们来说，他们所获得的一切，都是佛的赐予。

一条独特的石窟走廊，在佛教传播史，应该有自己的位置

我一直把甘肃的河西走廊称之为“东方走廊”，因为它所呈现的是整个东方文化的背景，且不说古代丝绸之路所创造的辉煌，仅仅是佛教的传播，在这里就可以展开一幅五彩缤纷的画卷。

古代凉州位于河西走廊的东端，它最早接触并吸纳了中原文化，又与西域游牧文化有着不可分割的渊源，在这样的地理文化背景之中，佛教的进入必将会产生历史性的变革与辉煌。的确，凉州不负众望。

佛教的传入与佛经的译介几乎是同时进行的。在凉州悠久灿烂的历史长河中，鸠摩罗什、玄奘、萨班、八思巴等一批高僧在此驻足，滞留客居，翻译佛经，弘扬佛法，传播佛教文化。五凉时期，凉州聚集了一批修建佛窟的能工巧匠，他们逐渐走向河西，走向全国。

由于占有天时地利，凉州一度成为佛教文化中心。这与一大批佛教文化名人开坛讲经、翻译著述、兴建寺塔、开凿佛窟等方面的辛勤努力是分不开的，也是由凉州宽松的政治社会生活环境和良好的人文环境造就的，且对中外文化交流产生过重大而深远的影响。

天梯山石窟是个例证，它被后人誉为“中国石窟寺的鼻祖”。考古学家宿白先生在考察了天梯山石窟后认为：新疆以东现存最早的佛教石窟在风格上都

可称之为“凉州模式”，而凉州模式的代表则是天梯山石窟。

天梯山石窟位于武威市凉州区城南50公里处的中路乡灯山村，创建于东晋十六国时期的北凉，距今约有1600年历史。天梯山山峰巍峨，山有石阶，拾级而上，道路崎岖，形如悬梯，故称天梯山。石窟中大佛依山而坐，脚下碧波荡漾，薄云缠绕其身，构成了一幅山、水、佛、云浑然一体的壮观奇景。天梯山石窟建成后，世人仿此陆续开凿了金塔寺、马蹄寺、文殊山、榆林窟等。北魏时期，主持开凿云冈石窟的正是凉州僧人昙曜，所用能工巧匠大都是凉州人。

在凉州的辐射作用下，河西走廊简直就是一个石窟走廊。从西到东，有五个庙石窟、敦煌西千佛洞、莫高窟、榆林窟、东千佛洞、旱峡石窟、昌马石窟、文殊山石窟、马蹄寺石窟等。走近这些密集的石窟群，我们可以画出一条佛教传播中承前启后的生命轨迹。

西出阳关的大道上，敦煌西千佛洞是个幽静之所，党河之水蜿蜒流淌，宽大的河谷中，桃红柳绿。敦煌遗书《沙州都督府图经》有断断续续的记载：“右在县（指寿昌）东六十里，耆旧图云，汉（阙）佛龛百姓渐更营造。”从西千佛洞东距石峨博和西距寿昌城的路程推测，这段文字记载的应是西千佛洞。

敦煌西千佛洞现存北魏至宋代的洞窟，著名的国画大师张大千先生曾在20世纪40年代对该洞窟做过调查并编写了窟号。

西出敦煌市，我们的汽车行驶在宽阔的戈壁滩上，南面的沙山清晰可见，壮观无比。大约走了近40公里的路程之后，稀稀疏疏的绿荫引人注目，沿着绿荫的方向，汽车向南拐，来到了河谷边。那些绿荫原来是河谷里参天古木的树梢，真是奇妙。我们踏着陡峭的石级走下河谷，就像走进了世外桃源，流水潺潺，野花遍地，要五六个人才能合抱的大树到处都是，树枝隐天蔽日，凉爽异常。只是河谷北壁悬崖，由于千百年来流水的冲击和大自然的风化侵蚀，形成了断裂，致使现存的一些洞窟前室崩塌。

流过西千佛洞的河水，是敦煌绿洲的命脉所在，它使荒芜的沙漠戈壁成为肥沃的绿洲，它使西出阳关的旅人有了灵魂和精神的栖息地。

今天的人们能走到旱峡，应该说是真正的行者。荒芜中的旱峡石窟，不知道已经寂寞了多少年，但在遥远的过去，它可能是另外一番景象。距甘肃瓜州县踏实乡 14 公里的旱峡口，有一处石窟，叫旱峡石窟。在人们的印象中，一般石窟寺的所在地，都是景色优美且洞窟密布的风水宝地，旱峡却是个例外。

这里除了一条简易的山路能够显示人类的遗迹外，就再也没有生命的痕迹了。放眼望去，山崖陡峭，光秃秃一片，不仔细看，看不出石窟的位置。原来，旱峡石窟只有两个洞窟，且都在高峻的山腰，距离地面近 80 米。更要命的是这凌空的石窟没有进洞的通道，只在洞下 60 多米的地方有脚窝可以攀登进洞，要想一睹它的真容，那绝对是一件危险而刺激的事情。

据专家考证，旱峡石窟开凿于魏晋时期，从脱落的壁画断定，唐、五代、西夏曾经进行了重修。石窟内的壁画、塑像多处损坏。旱峡石窟虽然只有两个洞窟，但窟内题记却十分丰富，有 26 条之多，汉文、西夏文、蒙古文、藏文、维吾尔文等不一而足，为研究工作提供了宝贵的资料。其中汉文题记有 3 条，属清代。南窟西壁合缝处有一段行书刻着“乾隆五十七年五月十五日立安西州”。北壁左边有行书刻写“嘉庆十三年”。从题记上看，清代这里仍有宗教佛事活动。

偏僻而寂寞的旱峡石窟，从它诞生的那一刻起，不知道有多少善男信女在这里穿梭往来。也许那时候，这里曾是一块水草丰茂的土地，养育着生命，也培植了信仰。仰望高悬、孤单的洞窟，旱峡的神秘，在我心中留下了抹不去的记忆。

敦煌以东，东千佛洞的遗迹是让人惊讶的。古河道上，虽然水已断流，但仍然可以想象商旅们沿着有水的地方来到这里，心情是多么的激动。他们把自己的憧憬和寄托，留在岩石上，也把无限的虔诚留给了未来。

在西部僻静的山林幽谷，叫千佛洞的地方有很多。敦煌有千佛洞（莫高窟）、西千佛洞，新疆也有叫千佛洞的佛教胜迹。而我们要去考察的是甘肃瓜州的千佛洞，那里属于敦煌艺术的体系，因此，称东千佛洞。

瓜州东千佛洞，距离县城约 90 公里。我们早晨出发，直到中午才到达目的地。司机说，一年之中，来这里的人很少，除了文物保护人员和研究人员偶尔来几趟外，几乎没有什么游人。

东千佛洞的洞窟开凿在长山子北的古河道两岸，干枯的古河道如同千年的遗迹，而岩壁上的洞窟，更像是原始人类的居所。东千佛洞现存 23 窟，保存有壁画和塑像的只有 9 窟。其中西夏 5 窟、元 1 窟、清 3 窟，壁画总面积 486 平方米，彩塑 38 身，尤其以内容丰富、技艺精湛的西夏窟见长，是一座不可多得的西夏艺术宝库。

段文杰先生认为：被发现的瓜州榆林窟和东千佛洞六幅玄奘取经图，是稀世之珍。东千佛洞的《水月观音变》风格独特：明月高照，彩云环绕，绿水扬波，观音坐在金刚宝座上，座后紫竹摇曳，玄奘双手合十向观音膜拜，猴行者一手搭凉棚、一手牵白马紧随身后。这幅壁画产生于《西游记》成书之前，是难得的形象资料。

我们考察完了东千佛洞之后，内心里一直存留着许多疑问：这里的生态环境为什么如此荒凉？想必开凿洞窟的时候肯定不是这样，河道里应是碧波荡漾，大河两岸应是草木锦绣，不然，怎么会有“水月观音”的奇思妙想呢！

同样是一条河谷，不同的是这里仍然有着不息的波浪在时间之上翻滚，看见它的人总是怀有深深的敬意。五个庙，见证了党金果勒河的风采，也持续着敦煌的风采。与河西众多的石窟相比，五个庙在最偏僻的一隅，暗藏着它的锋芒。

党金果勒河不息的波涛，洗净岁月的尘埃，五个庙的光辉随之悄悄浮出。

就是这条河，孕育了敦煌不朽的文明。然而，就在敦煌如日中天的时候，五个庙石窟却是寂寞的。大多数人并不知道，西出阳关的道路上，还有五个庙。天苍苍野茫茫的游牧区，水草丰美的宁静世界里，党金果勒冲积谷地的崖壁上，那像眼睛一样的19个洞窟，大约从北魏开始，就有了开凿的历史。漫长的时光，只有党金果勒闪闪的水波，伴随了它信仰的积累。

现在，这里已经是浓阴蔽日，苹果园的芳香阵阵袭来，的确是一个神灵居住的地方。抬头观崖，目测的高度大约有30多米，那些洞窟就悬于半崖之上。细细数来，正是19个，占据整个崖面约300多米长的空间。这些洞窟中，只有中间的5个能够登临参观，因此就有了“五个庙”的称谓。那么，只能看它们了。

可能是名微车马稀的缘故，香火是早已断绝了。像是废弃的古刹，隐隐透露出逼人的威严。崩塌的崖面，残缺的阁道，顺着木板搭垫的空中栈道，才能一睹佛、金刚、力士和供养人像的真容。一些洞窟被烟熏火燎过的痕迹十分严重，看来，佛门净地，已经充当过牧羊人的居所，同时，佛像的破坏也是目不忍睹的。

现存的壁画，大多绘有说法图，除此之外，也有耕种和收获的场面，五代至北宋期间敦煌曹氏政权的情况也有所反映。壁画中还出现了西夏文和回鹘文。专家认为，五个庙石窟壁画的特点，在其他的石窟中十分鲜见，具有独特的价值。五个庙，终于在蒙尘的静虚中，盼来了欣赏的目光。

一片榆树之下，流水潺潺；一片榆树之下，隐藏着千古不化的幽静。榆林窟，记录了唐僧取经的故事，记录了一个世纪乃至几个世纪丝绸之路上虔诚者的心迹。

深山藏寺，远离尘嚣的榆林窟，如果不是因为旅游的开发，恐怕只有少数研究者和钟情者光顾了。榆林窟距离瓜州县城约70公里，除了短短的一段柏油路外，其余路段全是土飞沙扬的毛路，也许正是这些艰难的考验，才使这里光耀史册。

榆林河谷的流水和绿荫，像是专门迎接朝圣者的侍从，真想在这里垒起草房，打坐静修。再看两崖之上零落的洞窟，开凿者的艰辛，已经直入人心，不由得生出几分敬意。

被学术界誉为珍品的第25窟，门票几百元，显然是拒绝普通人的进入。在这里，楼台亭阁平列环抱，宝树罗网青翠幔笼，菩提树下，法声朗朗，白鹤起舞，飞天散花，一派极乐之景。经过科学的整修与保护，榆林窟让世人目睹了其历史与艺术的珍迹，只有面对它，才会有顿悟的惊喜。

一处遗迹，走近它不会忘记它，远离它又似乎是一种割舍，榆林窟给我留下了这样的印痕。每每到此，我总是细致地沿着河谷，走进毛柳、红柳、胡杨树的深处，从另一个方向眺望它、端详它、思考它。手中的各种资料虽然有它翔实的记载，但我总不满足于那些刻板的语句，那些色彩，那些壁画，那些雕塑，从一个通廊走入另一个洞窟，时间像是退回了远古，人们虔诚的面目如此相似。

在甘肃肃南裕固族自治县的马蹄山中有一条山谷叫"临松薤谷"。"薤"者，多年生草本植物，叶细长，开紫色小花，鳞茎和嫩叶可以食用。就在这样一个诱人的地方，隐藏着著名的马蹄寺石窟群。

马蹄寺石窟群是河西走廊规模较大、内容丰富、创建年代早和延续时间长的重要石窟。因窟内有一马蹄印，相传为神马踩踏，故名马蹄寺。窟内保存有北凉、北魏、西魏、隋、唐、西夏、元、明各个朝代的造像与壁画。

马蹄寺石窟群包括马蹄北寺、南寺、千佛洞、上观音洞、中观音洞、下观音洞和金塔寺7个部分，共存70余窟龛。各窟群都开凿在马蹄山景色宜人的山谷间或近水的红砂岩崖壁上，相互间的距离近的2公里，远的7公里。每个窟群有2至20余窟不等，洞窟排列有横向也有竖向，高达7层。窟龛分布乱中有序，远处观望，十分壮观。

张掖大佛寺有中国最大的室内卧佛，这样的奇观在河西的出现并不是偶然的。位于张掖市城内南侧的大佛寺，是一座四合院式的寺院建筑群体，坐东面西，占地面积约 2.3 万平方米。原寺建筑规模宏大，包括山门、天王殿、配殿、厢房、卧佛殿、藏经阁、金塔殿、土塔、僧舍等完整的建筑群，现仅存建于中轴线上的大佛殿、藏经阁、土塔 3 处。

据《甘州府志》和卧佛肚内出的明代铜牌铭文记载，大佛寺创建于西夏永安元年（1098），原名迦叶如来寺，明永乐九年（1411）明成祖朱棣敕赐宝觉寺，清康熙十七年（1678）敕赐宏仁寺。明正统、成化、万历年间和清雍正、乾隆年间屡有修葺。

古代的张掖大佛寺香火不断，不仅有许多的善男信女烧香拜佛，而且不少王公贵族也常常前来拜谒，连皇帝皇后也多有光顾。

在不到 1000 公里的狭长走廊，分布有如此众多的石窟、寺庙，在佛教的传播史上，堪称奇迹。

麦积山石窟的雕塑和云冈石窟的石刻是中国石窟艺术的顶峰

经过河西石窟的演变发展，地处天水的麦积山石窟已经上升为成就很高的层次。开凿于十六国时期的麦积山石窟，其地势险峻，在中国现存石窟中绝无仅有；其泥塑艺术的出类拔萃，达到了佛教艺术的最高境界。

麦积山石窟建在一座圆锥体、中间粗大、底部细小、状似农家麦垛的麦积山上。其洞窟多开凿在二三十米及至七八十米高的悬崖峭壁上，洞窟之间全靠架设在崖面上的凌空栈道通达。这里保存了北魏以来的数以千计的精美塑像，大的高达十五六米，小的仅十几厘米，体现了千余年来各个时代塑像的特点，系统地反映了中国泥塑艺术的发展和演变过程。

在佛教传播的艺术创造中，石刻是一种不容忽视的艺术形式。建于北魏时期的云冈石窟就以壮观的石刻闻名天下。“雕饰奇伟，冠于一世”这样的赞誉，对云冈石窟来说恰如其分。云冈石窟的石刻之所以有名，在于它精湛的雕刻技艺和丰富多彩的内容。这里有 5 万多尊塑像，大至十几米，小至几厘米，形态之逼真、神采之动人都是前无古人之作。正如艺术家所描述的那样：透过他们薄薄的罗纱可窥其优美的身段。

龙门石窟的光彩，折射了佛教石窟寺在中国的辉煌

在洛阳龙门石窟考察的时候，我的思绪也顺着龙门峡谷东西两崖的峭壁如风滑动，两山对峙中的一泓流水，描画了一道宛若天上门阙的风景。在这样一个佛家圣地，谁不为之凝神静气。

北魏、唐代，那些恢宏的时代乐章一一奏响，沿西山石栈道缓缓而行，古阳洞、宾阳洞、万佛洞，气象万千；南北朝、唐代造像，风采各异。而在奉先寺群像和卢舍那石佛面前，我又忍不住在静谧中发出感叹。

龙门石窟的开凿年代，目前尚无定论。有专家推断，它的初创，大约是在北魏孝文帝入主中原，迁都洛阳前的几年时间里。在龙门石窟，不难看出，其题材内容趋向简单集中，有不少的佛传故事、本生故事。佛龛主像，大多是阿弥陀佛、弥勒佛、药师佛、观音、罗汉等。而北魏窟型窟底主要有马蹄形，窟顶近圆形，类似穹隆顶。唐代基本上是马蹄形平面。

龙门石窟的造像中，早期佛教艺术的那种宗教神秘色彩越来越淡，已自然而然地与中华民族传统艺术有机地结合了起来。这是一个突破性的变化，而这个变化过程的孕育是漫长的。解析这个漫长的孕育过程，必须走向佛教的源头印度。

把这些石窟连成一串，就是一部佛教的传播史

在完成了对佛教石窟的追根溯源之后，我们可以清晰地看到佛教东传的脉络：从空间上讲，石窟寺的开凿路线是由塔里木盆地北缘而河西走廊，由西北而中原，由北方而南方；从时间上讲，3 世纪时，中国西域地区受犍陀罗风格的影响，开始开凿石窟。4 世纪至 5 世纪，石窟遍布河西，形成气势宏大、光彩夺目的石窟艺术，促进了石窟艺术中“凉州模式”的形成，这种具有浓郁河西特色的艺术风格在后来逐渐波及了中原。5 世纪至 9 世纪，中国石窟雕凿达到极盛时期，完成了中国石窟艺术由龟兹模式（克孜尔石窟）向凉州模式（天梯山石窟）再向平城模式（云冈石窟）的发展，并最终在洛阳完成中国化的全过程，使佛教成为中华文明的一部分。

接下来，让我们一一细细解读。

第一章

佛陀的新疆

走向新疆

广袤的沙漠、浩瀚的戈壁、高耸的山峦、无边的草原、纵横的溪水、稀少的人烟……多彩的地理景观所蕴藏的奥秘将从我们的探视中一一展现。

戈壁上的几道车辙，填满了风的痕迹，这已是明晰的路了。感谢先行者的足迹，我们来了，苍茫大地上又印上新鲜的标记，而再往远处走，无边无际的荒芜散漫地展开，我们又成为先行者。

这里是新疆。

白杨树、葡萄、哈密瓜、香梨……一提到新疆，人们想到的往往只有这些，而此时，它们已经被我们抛远，我们将走近新疆庞大的骨架。

众所周知，占中国陆地面积六分之一的辽阔的新疆，由于地处全球最大的陆地板块——欧亚大陆的中心地段，距离海洋最远，加上高大山体环绕，除准噶尔盆地和阿尔泰山西南迎风坡可接受大西洋微弱湿润气流的影响外，其余各方海洋气流遥不可及，致使境内降雨极少，大陆性气候极为显著，整体上是半干旱、干旱、甚至极度干旱交错的区域。

又由于巨大的天山山体东西横贯中部，将新疆隔成南北两大盆地，而盆地中又以沙漠和荒漠为主，形成高山、盆地、沙漠和荒漠相间并存的宏观地貌特性，它们之间海拔、气温、干湿度和生物种群变化极大，落差极显。这样复杂多样的大型地貌和生态环境在全国独一无二，在全球亦属典型。南部的喀喇昆仑山、

江布拉克风光

昆仑山、阿尔金山山体和帕米尔高原浑然一体，一般海拔 5000 米至 6000 米，山体高峻，多冰峰雪岭。

这些山脉，构成了新疆的基本地貌，控制了这些基本地貌的轮廓。如果说新疆是一个健壮的人体，那么，这些山脉就是其骨骼和心脏。

佛教传入中国之前，中国的新疆地区已具有水平高超的雕塑艺术；佛教传入中国之后，与新疆的民族文化相融合，开拓了更深广的内涵，丰富了中国雕塑艺术的宝库，使得寺院雕梁画栋、塑像、石窟的佛像雕塑及各种佛教雕塑艺术品，如木刻、石雕或塑像等技艺得到了充分的发展，并以此为据点逐渐东传，于公元 5 至 8 世纪在中原各地盛极一时。可以说，新疆是佛教系统地传入中国的第一站，并拥有中国时代最早、规模最大、位置最西的大型石窟群。

共同的宗教概念，却因地域的差别而演变出不同的艺术形式。即使来自同一个宗教概念，各地区又依据自己的习俗加入创意，演变出千变万化的艺术形式。从某种意义上说，宗教是人们的心灵史，而表现这种心灵史的，却是艺术，艺术的感染力和感召力，让人们对宗教的理解更加入木三分。

古贵霜帝国曾是欧亚文明的交汇通道，希腊雕刻与佛教本土信仰结合形成犍陀罗形式，再由这一道路北度葱岭，传入中土，使新疆的洞窟开凿成为风气。

绿洲、草原、丝路

徜徉于西部的广大地区，考察其文化的渊源，总少不了要提起丝绸之路。虽然丝绸之路沿线地区有着巨大的民族、气候、物种上的差异，地形地貌也有着本质的不同，但就是这样一条商贸之路、经济文化交流之路，把它们紧密联系在了一起，使诸多的文化背景汇入中华文明的河流。每每体会到这一点，就着实地感觉到丝绸之路的伟大。

丝绸之路沿线地区的生活，其特点是绿洲与沙漠或者大草原之间的差异。周围地区并非处处都是纯沙漠、乱石戈壁或者荒芜山区。这里的生活常常——但并不总是——是在一个完全无人居住的干燥地区内鲜明地展现出来。看似无边无际的荒芜地区，却分布着许多草原，并且过渡到广阔的草原地区。这主要是矗立于这些地区的高大山系所致，复杂的山势，总是在冬季储存了大量的积雪，形成四季不化的雪线，雪线之下，还有大大小小的冰川，每当春暖花开之时，冰雪融化，山谷里就涌出涓涓溪流，溪流的汇集，又形成河流。戈壁和沙漠，在这些河流的滋润下，或变成绿洲，或变成草原，在这些草原中，生活着游牧民族，有一部分民族建立了强大的国家。在距离绿洲不远的地方，往往也有高大的雪山山脉，群山里有草地和森林地带，同样生活着游牧民族。

与草原相比，绿洲内始终是孤立地发展，财富在积累，文化在积淀，一片绿洲或者成片的绿洲，往往就是一个由强大的家族势力和某种利益集团共同构

喀纳斯风光

筑的王国。因而，当游牧者在狭小的生活圈子中，遇到生存危机之后，首先掠夺的目标，就是绿洲地区的财富。历史上，无论是游牧者与中原汉族统治阶级之间发生的大规模战争，还是游牧者与个别绿洲之间的局部争斗，客观上都反映了绿洲生活与游牧生活的不平衡。

历史的经验告诉我们，在民族联盟和部落联盟中，有一种基本秩序，这是维护这个联盟的基础。与这种基本秩序相适应的，还有精神与宗教秩序。比如夏季牧场与冬季牧场之间有计划的迁徙，在这种迁徙中，总有个别部落由于比别人强大，在牧场的使用上占有优势。这种状态，再加上不断的民族倾轧、征服和迁徙，就在绿洲居民和游牧民族的关系上，造成一种不安定的、变化莫测的因素。游牧民族的马队，追逐着水草，同时也追逐着富裕安宁的生活，而绿洲地区为了保护自己富裕安宁的生活，常常围绕着自己的领地，修筑高大的城墙，在各种要塞布下重兵，严防死守。

对于丝绸之路来说，绿洲是经济基础，园艺农业、养畜业、手工业，特别是转口贸易与对外贸易都需要在绿洲上进行。所有的商旅在看见绿洲之后，内心就有了希望，这种希望是无与伦比的。可以想象，商队在茫茫的戈壁和沙漠上行进，自然环境的严酷与人生命运的莫测，总给人以一种无望的感觉。绿洲在这时候无疑成了人们心中的天堂。

一支商队来了，商队的人欣喜若狂，而绿洲上的人也将这一天视为节日，因为商队给他们带了丰富的商品，使他们的剩余的产品得到了有效的交换。

这是丝绸之路的根基。在大多数寂寞的时光里，人们不会看到这些。

绿洲在大的地理范围内，有自己的生态系统，有自己居民的生活习俗。但在更大的精神范畴中，他们又有自己的信仰，也可以说是整个绿洲的信仰。就像众多的古代旅行者所说的那样：走进绿洲，奇迹无所不有。有奇迹的地方，其实就有宗教的土壤。这块土壤随着那些职业宗教家的不懈耕种，一段时间之后，已是根深叶茂，果实累累了。即便是今天，我们畅游丝绸之路，从一块绿洲到另一块绿洲，不胜枚举的，仍然是那些石窟寺，其中最有名的，是佛教石窟寺。

佛教寺院与摩尼教寺院都有自己的管理机构，这些寺院甚至有自己的田产，因而是一个独立的经济单位。许多回鹘文献证明，寺院是免交捐税的，它们的僧侣也免除了国家摊派的劳务。在高昌不少的文书中就记载了寺院的田产，连日常生活中磨面的设备，也是由寺院掌握的。在每一道分水渠上，都矗立着水磨，这些水磨所产生的收入，全部归于寺院。这样，寺院就在坚实的经济基础上，建立了自己的信仰体系。

不仅如此，绿洲的居民还把自己与自己所处的环境或者部族、王国看成是一个整体，为了它的欢乐和幸福而工作，而祈祷。现存的大量祈祷文，特别是敦煌遗书中的祈祷文，更清楚地表现了这一点：保佑整个绿洲平安和福祉，是他们最大的愿望。除此之外，他们的愿望也按佛教的概念扩展到了“众生”，为他们祈祷幸福。一对世俗的善男信女抄写了一份佛经，在他们的跋文中，提出了如下愿望：

“我这份经文作为供养品：梵天、帝释天、毗纽天、大自在天，以及保佑乡镇的桑库玛亚、迦毗罗和其余的，以及幸福的诸神。愿他神力使这个供养品的力量增强；愿人们自身没有疾病，外部没有敌人和狼，没有危险，愿保佑他们。我们把这份供养品送给我们的父母和亲属……我们把这份供养品送给四辈、五业的所有众生。”

在那个时代，这是绿洲上普遍存在的情形，所有的人心存对佛和菩萨的感念，虔诚地抄写佛经，并把自己美好的愿望一一道来，他们相信，冥冥之中，他们的愿望会被佛和菩萨所采纳。

许多学者认为，用汉文写成的宗教作品，特别是佛教作品，是丝绸之路绿洲文化史上特有的一章。敦煌对佛教的中国化方面做出了贡献，佛教在每个绿洲不仅有了新的侧重点，而且历经了一番改造，使得这个世界性的宗教在绿洲的形象，具有了面向尘世的显明特色。

对于绿洲上的普通居民来说，他们只是简单地认为魔鬼和发了怒的神仙是疾病的起因，需要用魔法把他们驱除，所以，仅仅是在祛除疾病的痛苦方面，他们和宗教紧紧地联系在了一起。人们看到，幸福与治病是一个紧密的整体，互相关联。有这样的事实：很多宗教的创始人生前都是以伟大的医者形象出现在人们的面前，他们首先能够治疗灵魂，而后能够治疗肌体。佛教把治病的任务，特别交给了治病的佛——药师佛。

伊犁风光

对于佛教徒来说，则有一条光明的通往天堂的道路。这条道路要随着他们孜孜不倦的修炼而修筑，任何的邪念和不端的行为，都会导致这条道路的中断。据说，在长期的修道中，年长的宗教徒能够亲耳聆听天堂的音乐，这种和谐的音乐也是光明之国的欢乐象征。佛教徒面对五彩缤纷的佛窟壁画时，眼前会浮现出天堂的情景，耳中会响起天堂的音乐，因为在他们看来，尘世的疾苦实在是太深了。

佛陀的新疆

英国著名的历史学家汤因比曾经这样说过："如果人有来世的话，我愿意出生在中国新疆那个多个民族、多种文化交汇的龟兹地区。"这就是新疆的魅力。这魅力不仅体现在文化的多彩多姿，体现在风俗的奇异神秘，更体现在佛教传播的历史变迁中。

从这个意义上说，古丝绸之路上的龟兹，是一块曾经绚烂至极的土地，这里的每一块石头都能讲出一段动人的故事。

新疆地区的石窟主要分布在自喀什向东的塔里木盆地北沿路线上，目前发现石窟遗迹的有 4 个地区，由西向东依次为古疏勒区（今喀什）、古龟兹区（今库车、拜城）、古焉耆区（今焉耆）和古高昌区（今吐鲁番）。即使现在来看，这些地区都仍是新疆文化最集中最发达的地方。文明在这里汇集，文化在这里交融，新的独具地方特色的文明和文化又接踵产生。

从单纯的佛教传播，到建筑、雕塑、绘画的嬗变，让人看到了一个饱满的有血有肉的石窟文化体系。

在人类文明的漫长演进过程中，"图像"发生的作用往往大过"文字"。"图像"是抹不掉的具体符号，见证每一个时代绝大多数人内心共同有的梦想和渴望。新疆地广人稀，在很长一个历史时期，以农耕与游牧为主，生产力水平十分低下，人们对于世界和自身的认知，也都处于懵懵懂懂的原始状态。佛教的传播，正是“图像”发挥了巨大的作用。

一般的佛教造像多追求灵性的升华，佛和菩萨肉身丰腴饱满，面容妩媚曼妙，红唇丰润，唇下一绺须髯，眸光流转，顾盼生姿，整个环境彩饰艳丽，让人一下子就脱离了凡俗的空间，突然升华。在这样的环境里，谁不为之震撼呢？

库木吐喇石窟中的壁画

就如同蒋勋所说：记忆在躯干、在手掌、在脚趾里、在牙龈齿根，在每一丝头发里。眼、耳、鼻、舌、身，几世几劫，气味、温度、痛痒、声音、甘苦，所有的记忆都还存在，随肉身通过一次又一次的生死……

这已经是一种蜕变。使一个人，变成了另外一个人。

在新疆，天荒地老，一个人蹲在旷野里，呆呆地看一块石头，时间长了，他就觉得那没有生命的石头里有一个人，一个他很熟悉的人，一个他念念不忘的人。

把石头里的人叫出来，让他有一种“嘭嘭嘭”的心跳，于是一座又一座洞窟诞生了，一尊又一尊佛出世了。

那么，让我们从草原、从冰川、从戈壁、从沙漠走向它，走向他的前世今生。

从建筑形制上来看，新疆石窟中比较多是中心柱式塔庙窟、塑立大型佛像的大像窟、供僧人日常起居的僧房窟、供僧人修禅打坐的禅窟以及不同形制洞窟组成的洞窟组合，也有少量的禅窟群。5 世纪以后，方形佛殿窟数量增多，还出现了中央设坛立像的佛坛窟。焉耆、吐鲁番一带常有在洞窟前接砌土坯前廊或完全用土坯砌筑的洞窟。这些不同形制的洞窟中常绘有壁画，原先多数还有塑像（现绝大多数已毁）。6世纪以前的绘塑内容主要是反映小乘佛教题材的释迦牟尼、交足弥勒菩萨和表现释迦的本生、佛传、因缘故事。6世纪出现了具有大乘性质的千佛。8世纪以后，中原北方地区盛行的净土经变及一些密教形象传播到新疆地区，所以，新疆石窟的壁画布局和绘画技法也较显著地受到中原地区的影响。

仔细地分辨新疆的石窟分布，我们就能勾勒出一条佛教的传播线路。沿着这条线路走一走，不难发现，从地理上、风物上、民族上，所有的自然条件和物质条件，都为佛教的到来，准备好了天然的淬火池，如同一颗种子找到了肥沃的土壤，渐渐生根发芽，成长壮大。

作为龟兹文化发祥地之一的拜城，地域文化更是光芒四射。来到拜城，会让更多的今人走进古龟兹，近距离去触摸历史的印记，思索历史的演变。龟兹的历史记载，最早见于《汉书》。在两汉时期，龟兹为西域“城郭诸国”的大国之一，都城宏伟，城垣三重。中央政权在这里设立了西域都护府，代表中央管理整个西域政务。此后，在历史文献中，常常可以见到“龟兹”这两个字。唐朝时，在这里设立了安西都护府，龟兹也进入了发展的繁荣期。直至宋代中后期，龟兹古国才从历史的词典中消失。在古西域诸国长期相互吞并、分分合合的过程中，龟兹一直是天山南部最有影响的王国之一。龟兹地处丝绸之路的要冲，中国内地、印度、希腊乃至两河流域的文明都在这里撞击、交流和融合，它是这个世界上独一无二的地方。在时间的牵引下，我们仍然可以在各种文物古迹，如古城、壁画和石窟中依稀看到古龟兹每一时期的迷人背影。

佛教在影响着时代，时代在引导着佛教，相辅相成，互相促进，就形成了体系完善的新疆石窟的艺术风格。

首先是石窟中显而易见的“龟兹风”。如同行走在新疆的大地上，遇到迎面而来的沙尘暴时，你必须正视它的存在。这股强劲的“龟兹风”，以克孜尔石窟为典型代表，主要见于古龟兹国境内，具体特征为塔庙窟、大像窟和侧道式僧房窟多见，壁画题材多为反映小乘“唯礼释迦”性质的本生、佛传和因缘故事，券顶壁画布局常采用菱格构图形式，画法上大量运用“西域式”晕染。此类石窟时代最早，为佛教初传中国时与当地民族文化融合的产物，实为中国佛教石窟艺术之滥觞，对河西及中原地区开窟造像的出现产生了直接的影响，对于研究佛教由西向东传播及石窟造像渊流具有举足轻重的意义。

龟兹供养人像

如同宋朝大诗人沈辽的诗句：“龟兹舞，龟兹舞，始自汉时入乐府。……衣冠尽得画图看，乐器多因西域取。”文化从来就是相互交流的，只有两种异质文化发生接触，才会产生相互的影响。龟兹吸收了汉文化的精华，中原也吸收了龟兹文化的精髓。隋唐时期的宫廷音乐就吸收了龟兹音乐中的

龟兹五铢

许多精华，南北朝周武帝时，龟兹人苏祇婆随突厥公主入朝，带来了龟兹乐律“五旦七声”的理论，这一理论后来演变成了隋唐燕乐的二十八调。龟兹文化是中国古代汉唐文化、西域文化与国外古印度文化、伊斯兰文化融会贯通，并结合龟兹人文特点而孕育的有着鲜明民族特征、地域特色的一种文化综合体，其文化特征主要是兼容并蓄的古佛教文化、佛教石窟壁画、石窟题记等。

据史书记载，早在公元前1000年左右，中原就与龟兹有过交往。汉西域都护府设立后，很多汉族士兵携带眷属来到了龟兹，在这里屯田定居。拜城境内的刘平国治关城诵石刻遗址、至今仍被人们称为“汉人渠”的沙雅县的沟渠遗址等，都见证着汉民族在这里繁衍生息的历史。汉代的龟兹与中原之间的关系已十分密切，因而发生了龟兹王绛宾偕其妻乌孙公主（解忧公主之长女），到长安朝见汉宣帝的故事。绛宾极度醉心于中原文化，所以，有些专家认为龟兹将王姓改为白姓，可能就是从绛宾开始的。历史上，在长安有很多龟兹人，他们长期居住在内地，大诗人白居易就是其中之一。龟兹在很长时间里都受到中原文化的浓厚影响，这从建筑、绘画和宗教中都略见一斑。龟兹曾是“丝绸之路”北道上的佛教中心之一。龟兹高僧、中国古代三大翻译家之一的鸠摩罗什先后在长安译出大量经、论、传等，为中国的佛教文化做出了巨大贡献。公元9世纪中叶，龟兹的回鹘人受当地佛教文化影响，也改奉佛教，库木吐喇石窟中的一些洞窟就开凿于回纥汗国建立之后，里面是一派汉地气象，盛唐风韵在这里自由流淌。汉文字、汉风俗、汉艺术都进入佛寺，中原文化全方位被带到了龟兹，汉母体文化的强大向心力在这里一览无余。

在新疆石窟中，我们也能够明显地体味到汉文化的影响，这就是不可遗漏的“汉风”。新疆地处丝绸之路的中枢地带，自汉代以后就成为中西文化交流的必经之地，东来西往的各国使者、商贩富贾、传道取经者不绝于途，《后汉书·西域传》所载“驰命走驿，不绝于时月；商胡贩客，日款于塞下”正是这一盛况的真实反映。古代西域各国统治者充分利用了这一天时地利的良机，广撷东西方文化之精髓，结合本地区民族文化，创造出灿烂辉煌的新疆石窟艺术，为后人留下了不朽的文化遗产。

具有代表性的是库木吐喇石窟及新发现的阿艾石窟，这批洞窟的时代晚于“龟兹风”石窟，它是佛教在中原地区发展成熟以后，随着唐王朝对西域统治力度的加强、安西都护府驻防龟兹、大批汉人和汉僧入居西域而带来的内地佛教艺术形式，壁画的题材为敦煌等地流行的反映大乘净土思想的内容，装饰图案也为唐代所习见的各式花卉、卷草及云朵纹。“汉风”窟是佛教由东向西回传的重要例证。

公元9世纪中叶，曾雄居漠北的回纥汗国为黠戛斯所灭，一支回鹘人迁移到当时称为“西州”的古高昌国地区，建立了自己的政权，也带来了一种新的佛教艺术风格，这就不可避免地带来一股民族特色浓郁的“回鹘风”。

具体代表为吐鲁番柏孜克里克千佛洞，因回鹘佛教深受唐代佛教影响，故“回鹘风”石窟与“汉风”窟有许多相同之处，但在洞窟的建筑形式、壁画的色调及供养人面容、服饰等方面又显示本民族独特的艺术风格。

在石窟中修行

新疆现已发现的石窟群有 17 处，洞窟多达 960 多个。走进新疆石窟，破败的时间遗迹渐渐隐去，智慧和思想的光芒渐渐显露，似乎那个开凿时代的记忆又重新回来了，山涧的清幽之地，金属的叮叮当当的声音和人们的血汗混合在一起，像发酵的酒，越久越醇香。那一串串名字，克孜尔、库木吐喇、吐峪沟……如同蒙尘的珍珠，轻轻擦拭，就显现出惊人的明艳。

走进一座座石窟，就仿佛目睹佛陀蹒跚的脚步从荒原和绿洲上穿过。

克孜尔石窟

克孜尔石窟位于新疆拜城，属于龟兹古国的疆域范围，是龟兹石窟艺术的发祥地之一，其石窟建筑艺术、雕塑艺术和壁画艺术，在中亚和中东佛教艺术中占极其重要的地位。据考证，古代著名高僧鸠摩罗什就出生在这里。

克孜尔石窟

克孜尔石窟群修凿的年代开始于东汉，结束于唐末。历代龟兹王对这项工作都极为重视。公元 7

克孜尔石窟前的鸠摩罗什雕像

世纪，龟兹王国的佛教达到极盛，甚至连龟兹王宫都装饰得同寺庙一般。其间历代龟兹国王对克孜尔千佛洞石窟群的建造，更是从来没有停止。

克孜尔石窟作为龟兹石窟典型代表，它保存有早期壁画的洞窟和大像窟的数量远远超过了巴米扬，早期洞窟年代至少要比敦煌莫高窟早一百年左右。克孜尔石窟是中国地理位置最西、开凿年代最早的大型石窟群。

克孜尔石窟壁画最令人印象深刻的是它的菱格构图。在其中一个石窟，我们看到，每个菱形格里都绘有一个本生故事。莫高窟里的壁画是以连环画的形式来表现本生故事的情节，克孜尔石窟则是“一图一故事”，每幅图都是从一个本生故事中选取最典型的一个情节，以故事中的主要人物或动物为构图中心，四周辅以其他必要的人物、动物和背景等。克孜尔石窟不仅有大量宣扬佛教教义的画面，也有畜牧、狩猎、农耕、乘骑、古建筑的真实写照。175 号洞中心柱右面的通道里，有两幅著名壁画。只见两头膘肥体壮的老黄牛，低头甩尾，合抬一根木杠奋力向前拉犁。犁后的农夫一手举鞭，一手扶犁，正聚精会神地犁地。与这幅“二牛抬杠”图毗邻的还有一幅“耕作图”。头顶小帽、身穿短裤的农夫，手持一把坎土曼向下用力刨土。这种“二牛抬杠耕地图”和新疆农村犁地的情景一模一样，其栩栩如生、惟妙惟肖的画面，使中外学者为古龟兹画师的写实手法拍案叫绝。

克孜尔石窟以其悠久的历史和厚重的文化艺术背景闻名天下，走进洞窟，那壁画、那雕塑令人驻足良久，浮想联翩。但是，石窟处处满目疮痍，却实在令人心痛：放置释迦佛的拱型佛龛里空空如也；壁画上所有佛像左半边袈裟均被剥走——因为它是金箔制成的；甚至整壁的壁画被人揭走……人们不禁扼腕叹息，痛恨万分：19 世纪末 20 世纪初，接踵而至的所谓的西方探险家们，从克孜尔石窟劫掠走了多少精美的壁画啊！

克孜尔石窟的洞窟形制大致有两种：一种为僧房，是供僧徒居住的场所，多为居室加通道结构，室内有灶炕和简单的生活设施；另一种为佛殿，是供佛徒礼拜和讲经说法的地方。佛殿又分为窟室高大、正壁塑立佛的大佛窟和主室作长方形、内设塔柱的中心柱窟，还有部分是窟室较为规则的方形窟。不同形制的洞窟用途不同。这些不同形制和不同用途的洞窟有规则地修建在一起，组合成一个单元。从配列的情况看，每个单元可能就是一座佛寺。可以想见，当年克孜尔千佛洞是龟兹地区一处佛寺栉比、僧徒比肩的地方。

这些层层叠叠、井然有序的洞窟，包括供养佛像做礼拜用的支提窟，僧尼静修或讲学用的精舍毗何罗窟，僧尼起居用的寮房，埋葬骨灰用的罗汉窟等，这样完整的建筑体系，是世界上其他佛教中心所罕见的。

库木吐喇石窟

库车古称龟兹，历史悠久，文化灿烂。历史上曾是联系和沟通亚欧大陆的桥梁，中西文化在这里交融，成为举世闻名的龟兹文化发祥地。库木吐喇石窟就开凿在新疆库车县城西南约 30 公里的渭干河谷东岸，是仅次于克孜尔石窟的较大的古龟兹石窟群。库木吐喇系维吾尔语译音，意为“沙漠中的烽火台”。现有洞窟 112 个，分为南区、北区、丁谷山峡谷区三部分。库木吐喇石窟开凿的时间从两晋，经隋唐，延续到宋代。这里的石窟艺术与中原的风格最为接近，其中的十几个窟还是由汉人开凿、汉僧做住持的，许多洞窟内保存有汉文的题名与题记。

石窟始凿及沿凿年代，无确切记载，据现状考察应属三个不同时期的文化系统：5—8 世纪中叶为龟兹系列，7—9 世纪是中原汉系洞窟，约 9 世纪中晚期至 10 世纪或更晚为回鹘系洞窟（石窟中出现回鹘僧人和回鹘装束的世俗供养人像）。该石窟群明显地反映了不同文化系统共存及其互相影响互相取代的迹象，对研究新疆地区宗教艺术的演变、发展和衰落有重要的价值。

库木吐喇石窟早期洞窟形制主要是中心柱窟与方形窟两种。中心柱窟佛堂

库木吐喇石窟

平面呈长方形，主室窟顶多为纵券形。正壁中央凿一大龛，左右侧为券形通道口，经行道通入后室或后行道。有的方柱体各壁凿一龛。壁画题材多同于克孜尔石窟，即主室券顶中脊绘天象图，券顶侧壁绘菱形山峦为背景的佛本生故事或因缘故事。

主室两侧壁主要绘因缘佛传，行道后绘以涅槃为中心的佛传内容。方形窟佛堂平面作正方形或长方形，有的在后部中央设佛坛，顶为穹窿形。壁画题材，侧壁多为佛传故事，穹隆顶绘条幅状的佛与菩萨相隔的立像。

中期洞窟的形制，主要也是中心柱窟和方形窟，但方形窟顶多作纵券形。这一时期除沿用早期洞窟的题材外，还出现了与中原地区唐窟相似的题材，明显地表现出与龟兹风格迥异、具有鲜明中原地区佛教艺术特征的汉画作风。

这一变化表现在大幅经变画的出现。这种反映大乘教经典为主要内容的题材，与原龟兹地区流行的小乘佛教不同。经变画在中心柱窟中占据左右侧壁的显著位置，在方形窟内则主要绘在正壁或左右侧壁，并都有汉文书写的榜题。

汉式尊像图取代龟兹石窟中常见的舍利塔以及与涅槃相关的佛传故事、龟兹供养人像、立佛像等位置。其构图形式大多是佛像与菩萨相间排列，成组地出现在中心柱窟的左右行道及后行道侧壁上，像侧有汉文榜题。

文化和文明的交融，在新疆石窟中，一次次呈现出来，让人们看到了前世、今生和未来。

晚期洞窟出现回鹘人供养人像，但从中可以明显看出所受中原地区汉文化的影响。北区第 79 窟用龟兹文、汉文和回鹘文三种文字共书供养人榜题是前所未见的。回鹘时期的洞窟，是当地汉式洞窟的延续和发展，前后是一脉相承的。但这时期的洞窟规模逐渐变小，已呈现衰退的迹象。大约到了 11 世纪，基本绝迹。

库木吐喇石窟壁画的艺术特点，从时间上看，它是中原地区佛教艺术的先驱；从空间上看，它正处于丝绸之路北道的要冲，是世界最古老的文化发源

库木吐喇石窟中的壁画

地——中国、印度、埃及、波斯以及希腊和罗马的文化艺术交流的汇集点。库木吐喇千佛洞的壁画不仅有西方文化和中原地区文化的影响，同时又有着本地独特的艺术风格。

除壁画以外，库木吐喇石窟内和窟外石崖上有大量的僧侣题名、龟兹文和汉文的题记以及并行的回鹘文题记、古龟兹文题记，也是研究古龟兹历史文化艺术极其珍贵的资料。

早期，大概在公元 5 世纪到 7 世纪，库木吐喇石窟的整个面貌有显著的龟兹地方风格。第 24 窟的“降魔变”，笔触粗犷豪放，表现了龟兹人民敦厚朴实、心胸开阔爽达的气概。第 46 窟睒子本生图，采用较粗的线条勾勒轮廓，内部以赭石平涂，立体感很强。龟兹画家从自己的生活实践出发，让佛和菩萨披上龟兹服装——“双领下垂”式大衣。在绘画技法上，“用笔劲紧，如屈铁盘丝”。第32窟残存“涅槃变”中的举哀菩萨，线条圆润而坚实，流畅而柔和，富有韵律感，是“屈铁盘丝”式线条的代表作。

唐代是龟兹地区佛教的鼎盛时期，因此盛唐时开凿的洞窟较多。在库木吐喇石窟中，唐代的壁画数量最多。它在内容和画风上都和中原艺术比较接近。这一时期的主要特点是：既有中原画那种丰富多变的线条，又有凹凸晕染法，并使二者有机地结合在一起，形成独具一格的龟兹画风。

它运用了富有装饰性的图案做背景，以写实的空间，来衬托虚幻的宗教故事。这种手法，大量地使用在满铺窟顶的菱格本生、因缘故事画和菱格双幡复钵式塔内的坐佛图上。在横竖斜向排列的菱格中，又画出层层山峰，其间点缀着图案化了的树木、花卉、水池，再彩绘以形象生动、造型优美的佛本生或因缘故事画，使之动静结合，主题形象突出，色彩浓淡相宜，画面绚丽多彩，又富有装饰意味。

在后期的壁画中，菱格故事画虽被一排排的千佛像所代替，但在龛楣、背光、头光和一些边饰中，填充了许多卷草花卉、葡萄纹等图案，画面活泼流畅，气象万千。龟兹壁画中的人物，形象生动。

鄯善吐峪沟石窟

说起鄯善，知道的人不多，说起楼兰，大概人们都会想起那个神秘的城市，今天的鄯善，就是从前的楼兰国。早在一千多年前，在这座城市，不同风格的华丽的建筑比比皆是，街上人流熙熙攘攘，不同国家的语言此起彼伏，一拨一拨的驼队来来去去，商人们携带着大量钱币和货物寻找着旅馆……中原的军人们呢？也许是在恣情纵酒吧。因为这一派和平热闹的景象似乎使他们显得多余。然而，这一切都去得那么仓促和突然，它似乎在极其短暂的时间内骤然消失，消失得无影无踪，是什么使这个繁华的古城陡然之间变成了一座空城，随即被掩埋在厚厚的黄沙之下呢？此后，古楼兰国消失了，它再也没进入任何文献记载。到了唐代，疆域空前辽阔，唐代大军到达西域时曾经寻找过楼兰，可是没有找到，它永远消失了，只存在于边塞诗人的想象之中。

鄯善吐峪沟石窟

所幸岁月并没有抹掉全部的记忆，给我们留下了吐峪沟。吐峪沟就处在吐鲁番境内的鄯善。

吐峪沟石窟西距吐鲁番市约50公里。吐峪沟下游为中国历史文化名村——吐峪沟麻扎村，这里的民居建筑绝大多数在百年以上，承接了吐峪沟辉煌的古代文明。鄯善吐峪沟石窟沿河沟两岸崖壁开凿，分为上下两层，现存洞窟94个，编号洞窟46个。它们都开凿于两晋到唐的漫长的历史时期。吐峪沟石窟的壁画富有地方特色，佛像的下座并非传统的莲花座，而是当地少数民族日常使用的胡床。另外，洞窟内早期的一些题记，完全采用汉文。这说明了吐峪沟石窟是汉族与少数民族共同创造的。

吐峪沟石窟是吐鲁番地区目前已知开凿年代最早的石窟，现存石窟基本保持了原有的整体布局形态，洞窟形式丰富多样，壁画遗存反映出多种文化对高昌石窟艺术的影响，是中国佛教艺术的珍贵实例。2010—2011年，吐峪沟石窟寺遗址实施了首期保护性考古发掘工作，发掘出土了数量众多的纸质文书等文物。据悉，这次发掘从吐峪沟石窟寺第 12 窟开始向北清理，发现大量壁画残片，清理出中心回廊柱和一座圆形塔，以及大量僧房窟、禅窟等。此外，这次挖掘主要解决了吐峪沟石窟寺西岸洞窟的形态布局，并对原本认定错的洞窟进行了修正。

吐峪沟石窟寺的发掘为人们系统了解和复原吐鲁番地区古代寺院的形制布局提供了全新的材料，以前有学者认为佛教石窟是一种孤立的建筑存在，通过此次发掘，人们发现石窟只是当时所建寺院的一个组成部分，因为后来寺院被毁，所以只剩下洞窟。考古学家还将对出土的壁画残片进行修复，因为从出土的壁画残片和现已发现的壁画来看，可以发现多种文化对古代高昌石窟艺术都产生过影响。考古学者认为，本次发掘对重新认识吐鲁番地区的历史、文化以及各民族、各宗教和谐共存的社会背景等，具有十分重要的历史价值和重大的现实意义。吐鲁番是古丝绸之路上的重镇，已发现文化遗址 200 余处，出土了从史前到近代的 4 万多件文物，从目前出土的文物来看，吐鲁番至少出现过 18 种以上的古文字、25 种语言，大量文物和史实说明，吐鲁番是世界上影响深远的中国文化、印度文化、希腊文化、伊斯兰文化四大体系的交汇点。

石窟类型有支提窟、毗诃罗窟和讲经窟 3 种。以禅窟和讲经窟数量最多，计 37 个窟，且分居于礼拜窟左右，与克孜尔石窟布局相似，反映了中国早期的石窟特征。

吐峪沟石窟的壁画大部剥落严重，较能辨其内容的第 44 窟中，正壁和两侧壁上均绘一佛二菩萨。本生故事画较为清晰，计每壁各有一组 7 幅画，每幅画旁有汉文题记。尚可辨认的壁画内容有羼提婆利忍辱截割手足、摩钳太子求法赴火、慈力王施血饮五夜叉、萨埵那太子舍身饲虎、毗楞竭梨王身钉千钉、尸毗王割肉贸鸽等。

鄯善吐峪沟石窟中的壁画

据《西州图经》记载，吐峪沟石窟在唐代西州时称丁谷寺。从现在石窟建筑和壁画风格分析，吐峪沟石窟约开凿于公元 4 世纪初，即晋设高昌郡之前。多数洞窟及壁画，应凿绘于南北朝至隋代，即吐鲁番地区的高昌王国时期。

十六国北凉统治时期，随着沮渠北凉西迁高昌（443），吐峪沟又一举成为沮渠皇室在高昌的造像集中地。到鞠氏高昌，虽史载它“俗事天神，兼信佛法”，但从吐峪沟出土的高昌王鞠乾固供养抄写的多种佛经和《大慈恩寺三藏法师传》卷一记载的高昌王鞠文泰对玄奘的种种尊崇厚待等内容都可以看出，佛教在鞠氏高昌是有相当重要的地位的，而吐峪沟也同样是王室的一处石窟圣地。到了唐代，这里以“丁谷窟寺”而闻名，在敦煌遗书《西州图经》中有它“佛院重重，

鄯善吐峪沟石窟

雁塔林立、高梁横跨、绿荫纷纷、香火缭绕、梵呗齐鸣”的记载。

沟东的南侧窟群有洞窟10座。其中5座相对集中，有一中心柱窟，内存壁画，除外多为纵券顶窟；其余5窟散布在偏北的陡峭崖壁上。

沟东的北侧窟群有洞窟35座，随山形呈扇形分布，窟型主要为中心柱窟、纵券顶窟和穹顶窟三种。其中有5座洞窟内保存了较多的壁画遗存。一些洞窟窟门外的崖壁上保留有木构窟檐的遗迹。窟群中部洞窟的下方有依山体构筑的窟前建筑，采用夯土与土坯砌筑的方式建造，保存较好处有上下三层，与上方洞窟之间形成明显的成组关系。建筑遗址中可见残缺的墙垣、塔基、窟室等。

沟西的南侧窟群有洞窟6座，分上下两层，每层3窟。底层有一中心柱窟。窟门外原有木构窟檐；另有一纵券顶窟，正壁开小洞室，侧壁各开两个小洞室。

沟西的北侧窟群有洞窟20余座，沿崖壁联排，窟群总长100余米。以中心柱窟为中心，两侧对称布列小弄纵券顶窟。洞窟采用依崖土坯砌筑的方式。

从窟制上看，吐峪沟石窟主要有三种窟形：纵券顶窟、中心柱窟和方形佛坛窟。纵券顶窟，是从古至今吐鲁番地区民居房屋建筑的主要形式，也是吐峪沟最多见、最有特色的窟形，从用途上分，有禅窟、僧房或讲堂，其中禅窟平面为长方形，分前、后两室，后室为坐禅之用，或左、右壁再开小禅室，窟内有与坐禅静修有关的壁画。中心柱窟与凉州模式者相同，也为中心柱四面开龛。方形窟有平顶、覆斗顶、穹隆顶等不同样式，地面往往有佛坛。从以上窟形看，礼拜窟受高昌以东的凉州、敦煌窟制影响较大，也有来自龟兹的影响（如穹隆顶方形窟等），但大量的洞窟还是具有地方特色的纵券顶窟。

石窟的壁画的内容和表现形式，以佛或弥勒说法图、千佛和比丘祥观图为主，也有佛本生、因缘故事画和菩萨形象，其中千佛是中心柱窟主要的题材，几乎画满窟中各壁，在方形窟中也有以千佛布列四壁的，但其壁中央往往绘一佛二菩萨说法图。在人物造型上，千佛与酒泉文殊山、敦煌莫高窟者相同，多为在中原汉人形象，立佛和菩萨身姿造型则有龟兹因素，身体动势较强，装饰华丽。表现技法上，以线描平涂法为主，线条既有粗犷的铁线描，也有龟兹的曲铁盘丝式。就壁画的整体布局和表现形式看，则又自成体系。

如窟顶不似龟兹的菱格图，而是满绘禅定千佛或平棋图案，本生因缘故事多绘在四壁下方，这些有与敦煌早期壁画相同的元素，但佛教故事画的大部分画面除表现一个主要情节外，往往在画面的中央一角还绘出其他场景，因此这样的故事画既不同于龟兹石窟的单幅画，也不同于莫高窟的连环画。

吐峪沟石窟兼有中原、龟兹两种石窟元素又具有某些独特的个性因素的现象，与高昌独特的地理位置有密切关系。

我们知道，在唐以前，高昌是汉文化深入西北最西的一个地方，所谓“国有八城，皆有华人”是也，同时它也是汉文化与西域文化的一个交汇之地，外来画风通过高昌传入内地，内地文化又通过高昌传向外域，而两者的初步结合便产生了高昌独具特色的文化。当然，这其中在高昌文化中起主导作用的无疑是汉文化。走进谷西区第 2 窟就可以看到残留在南甬道两壁排列整齐、位于长方形边框内的坐佛，它们鼻眼上不提白粉，不做凹凸晕染，仅以线描画出具有汉人五官特征的形象。

在第 3 窟甬道顶上有忍冬、鳞纹、团花等纹饰带组成的仿汉式木构建筑平棋特点的图案，整齐规矩之中见繁缛富丽。加上涂以浅黄、赭红和石绿等亮丽的色泽，更显华丽多姿，虽然组成图案的某些纹样或取自龟兹，但图案风格受中土影响是显而易见的。

在第 4 窟南北壁最有特色的是几列比丘禅观图，他们着双领下垂袈裟，或坐莲座、方座，或坐胡床，身旁是龟兹菱格图案中最常见的花树，左侧有汉文榜题，像这类比丘禅观图还见于谷西第 1 窟和谷东第 5 窟两个禅窟中。关于禅观图，在龟兹或莫高窟故事画中均有出现，但在吐峪沟石窟中，比丘禅观图则从未有过，这应是吐峪沟的独特形式。

谷东是洞窟相对集中的地方，现有五窟存有壁画。谷东第 2 窟为中心方柱式窟，柱体四面开龛，前室横券顶，上绘斗四式平棋，中心为莲花，主室正壁及左右壁为说法图。正壁上方绘声绘色相间排列的是佛与菩萨，左右甬道为双领下垂式、有浓厚汉风的坐佛。谷东第 4 窟是这里唯一存在的覆斗窟，覆斗左右两披各绘一排立佛，前后两披绘两排立佛，它们或袒右或半披袈裟，站姿略有动势，立佛之间以变形忍冬、联珠、三角纹等边饰分隔，色泽鲜亮，繁缛富丽。

谷东 6 窟为方形穹隆顶佛坛窟，各壁中部绘一佛二菩萨说法图，下部一周绘本生及因缘故事，每壁 7 幅，合为 21 幅，各幅间有白色竖行反文榜题相隔，从文体看颇似北魏写经体。本生故事即为高昌式构图,图中人物众多,情节丰富。

窟顶则吸收龟兹之风，以圆莲为中心，周绕 29 个梯形条幅，有莲瓣、立佛一周，坐佛两周，其外再绘以土红色为底的四圈小千佛，从而形成巨大的千佛构图装饰。此外，在后室窟门右侧，绘有三身头戴进贤冠、身着大领宽袍的供养人形象。

米兰

大概是2005年的10月5日晚上，我们经过了米兰遗址，但因为天黑，无法找到合适的营地，就直接来到了农垦36团某学校的操场宿营。

10月6日早晨，我们前往米兰遗址，米兰遗址就在36团场附近，汽车开出不远就到了。在一片广阔的戈壁滩上，米兰遗址目前只剩下一座古城和佛塔了。在一些圆形的如草垛般的黄土堆上，人们挖洞住宿，现已废弃。

关于米兰，最早的发掘见于斯坦因的报告。斯坦因在塔里木盆地东部考察时，发现了最有价值的古代绘画，包括古鄯善国的米兰壁画。其内容虽然往往是佛教题材，但从风格上来看，却显示出印度、希腊元素，甚至有伊朗和地中海元素。这些产生于公元3—4世纪的壁画，是新疆所发现的最早的绘画。

据有关资料记载，米兰位于鄯善国，这个王国的居民是混合型的。当时，

米兰古城遗址

米兰古城遗址

在这个沙漠小国中，既有当地的土著民族（他们的语言与库车和焉耆的吐火罗语相近），又有印度人，还有中原居民。在那之前，西藏高原东北部的各个部落，也对它发生过影响。同样不能忽视的是，相邻的和田对鄯善国的语言与文化所产生的影响。此外，由于佛教在较早时就传入了米兰，所以，在种种元素的影响下，米兰的佛教壁画就反映出多种层次的传统。

在米兰多个杰出的美术作品中，有一幅令人联想起犍陀罗的佛陀画像。这位智者被画成四分之三的正面像，他举起右手做施无畏印，睁着大眼睛向观众的方向看着。这种坦诚面向人间的态度，与其他一些佛像那种沉思默想的样子，形成了对照。这种风格对许多犍陀罗艺术品来说，已是一种特色，而在米兰则格外引人注目。面孔是用清晰的轮廓线勾勒出来的，这种面孔的样式，不仅使人联想起希腊时代的印度，而且联想起受罗马影响的古埃及艺术。

在米兰的佛教艺术中，之所以有明显的西方因素，根源在于：鄯善国的文化是混合型文化，在这个国度里，各种不同的民族传统同时并存，而看不到人们特别致力于把外来的事物披上本地外衣。

关于鄯善国的最早记载，见于汉代初期的史书。当时，人们把这个地区描写成荒沙盐碱地，这里只有稀疏的植物，生活是半游牧状态，只有一部分人靠种地生活。此外，还有文献记载了这个沙漠之国充满变化的历史，这种历史演变是由中原与匈奴之间的实力角逐造成的。在匈奴被打退之后，这个国家在地理上得到了扩展。到了公元 120 年前后，这里出现了中原人建立的军事、移民、土著居住的地区，这个地方被称之为“克娄莱纳”。

第二章

敦煌的光彩

圣地敦煌

位于甘肃西部的敦煌，曾是古代中国对外政治、经济、外交、文化开放和交流的重要门户，敦煌莫高窟曾为河西走廊地区的佛教中心。由于该地的地质、地貌条件特别适宜于开凿洞窟，大约从公元 4 世纪至 14 世纪，经过十几个朝代的善男信女和艺术家的共同努力，莫高窟不仅成为一处佛教圣地，也成为世界上现存规模最大的佛教艺术宝库。

敦煌研究院名誉院长、著名敦煌学者樊锦诗认为：敦煌是宗教、文化和知识的交汇处。在长达一千多年的历史长河中，敦煌石窟的营建没有中断过。敦煌艺术既具有鲜明的中国文化特色，同时又不断吸纳古代印度文明、波斯文明、希腊文明和中亚地区多民族文明的成果，敦煌石窟是多种文明汇流的结晶。

敦煌莫高窟辉煌的艺术成就，为世界所瞩目。它既是佛教东传的特定产物，又是中原汉文化在西部集中展示的前沿窗口，体现了东西两种文化的交融，以独特的身份完成了连接东西两端佛教石窟艺术体系的重大使命。

如果要讲述佛教东传的历史，莫高窟无疑是一幅鸿篇巨制。

根据史书、敦煌出土简牍和敦煌藏经洞出土文献记载，汉唐时期，丝绸之路上除商人和中外使节外，还有传教的西域僧侣和西行求法的汉地僧侣，他们大多途经敦煌。敦煌一方面受到来自中原汉文化的影响，施行中原王朝的各种法律和制度；另一方面，丝绸之路开通后，敦煌文化也受到来自南亚、中亚、

西亚、希腊文化的影响。例如，敦煌彩塑佛像与希腊神像、印度西北犍陀罗佛教雕刻的相似之处；敦煌佛教造像衣纹与希腊雕塑衣纹的相似；壁画中绘有希腊的多立克柱式、爱奥尼亚柱式等外来建筑图像；有身着不同民族服饰的不同区域和国家的人物形象；有联珠狩猎纹、联珠对马纹等可能来自西亚波斯萨珊王朝风格的装饰图像；壁画中有不少菩萨和佛弟子手持形式多样的呈现淡蓝色、淡绿色、淡褐色的透明玻璃器皿，可能来自地中海地区埃及、希腊或西亚的国家的影响；莫高窟第 275 窟主尊菩萨像坐的狮子座、第 285 窟禅僧的座椅都与埃及第十八王朝图坦卡蒙法老狮首王座和希腊女神的狮子座很相似，其源头很可能也在埃及或希腊，等等。壁画中还有印度教神祇的图像，如摩醯首罗天、鸠摩罗天、毗那夜伽天等；敦煌壁画从 6 世纪到 13 世纪有丰富的日神、月神图像，它们交织混合了希腊和波斯艺术的影响、又有印度和中亚艺术的元素。众所周知，公元前 3 世纪马其顿亚历山大东征时，占领了西亚、南亚西北、中亚的广大地区，所到之处推行希腊文化，这时可能将古希腊神话中的日神、月神及其

敦煌莫高窟的九层楼

坐骑的图像元素传入西亚波斯，产生了瑣罗亚斯德教的太阳神密特拉及马车图像；传入南亚西北印度，又产生了印度教的太阳神苏利耶及马车图像；经由西北印度传入中亚地区产生了佛教护法神日天、月天形象，接着继续东传新疆、敦煌。敦煌经变画中经常出现的伽陵频伽鸟，又称妙音鸟或美音鸟，与希腊海妖塞壬的造型相似。壁画中有许多乐器，如打击乐器中的腰鼓、羯鼓，弹拨乐器中的箜篌、琵琶，吹奏乐器中的海螺、筚篥，拉弦乐器中的胡琴等，皆为外来的乐器图像。如莫高窟第 285 窟伎乐飞天弹奏的箜篌、第 428 窟弹奏箜篌的乐师与埃及第二十王朝大臣墓壁画中盲人乐师弹奏的竖琴。敦煌壁画采用了来自中亚地区的青金石、胡粉、密陀僧等的颜料……上述实例充分说明敦煌艺术是多元文明相互对话、相互影响的结晶。

千年连续不断创造、数量巨大、内容丰富、造型精美的敦煌莫高窟艺术，不仅是一部反映中国佛教思想和信仰的形象佛教史，而且是一部反映多元文明汇流的文化史、艺术史……人们把敦煌石窟称之为:形象的历史、墙壁上的“博物馆”、古代社会生活的“百科全书”。

据史书记载，乐僔是敦煌莫高窟的开创者。他在敦煌开凿了其历史上第一个石窟，从而开创了敦煌璀璨的佛教文化。有一个传说很有意思，说是在前秦建元二年（366）的一天傍晚，乐僔云游至敦煌三危山下，正当他疲惫不堪，身心交瘁之时，山崖上突然出现了万道金光，状似千佛。看到这神奇的“佛光”，乐僔当即跪下，并朗声发愿要把他见到“佛光”的地方变成一个令人崇敬的圣洁宝地。受这一理念的感召，经过工匠们千余年断断续续的构筑，终于成就了这个举世闻名的文化艺术瑰宝——敦煌莫高窟！

在老百姓看来，佛光产生的地方就是佛的居所，佛光是从佛的眉宇间放射出的救世之光、吉祥之光。敦煌有了这样的救世之光、吉祥之光，佛教的兴盛也就不在话下。

虽然，佛教的传播之路在敦煌停泊，是一种偶然，但仔细分析起来，从地理环境、社会背景、芸芸众生而言，它却是一种必然。这种必然，造就了敦煌的光彩。

敦煌是神奇的，更是神秘的，关于“敦煌”一名的含义，也众说纷纭。《汉书·地理志》中注释“敦煌”二字的意义时说：“敦，大也。煌，盛也。”认为敦煌是一个繁华的城市。《元和郡县图志》中解释说：“敦，大也，以其广开西域，故以盛名。”认为此地对于广开西域有重要作用，所以名之为敦煌。对于敦煌的汉名解释，一些研究者提出了不同的看法。许多学者都认为“敦煌”一词应是当地土著少数民族所呼地名的音译。但到底是哪一个少数民族对地名的称呼，学术界也莫衷一是，有匈奴语音译、吐火罗的音译、羌语的音译、氐人命名等多种说法。此外，还有学者认为，“敦煌”一词既不是汉语语词，也不是少数民族语词，而可能与希腊人有关。现在，得到大多数人认同的是“敦煌”为少数民族语词的音译。

自古边陲多战事。敦煌作为中西文化交流的要冲，必然是兵家相争之地。自建敦煌郡后，敦煌就成为西北地区军事、政治重镇，驻有重兵，还专门设有国家粮仓，以备急用。敦煌建郡后，为进行屯田管理，汉朝政府在敦煌设有屯田官，如宜禾都尉，又下设美稷候官、宜禾候官等，不仅使农业出现长足的进步，而且出现了中西经济文化的交汇融合现象。汉元封三年（前108年），赵破奴出敦煌虏楼兰王，遂破车师。汉亭障列至玉门（今小方盘城）。汉元封六年（前105年），以江都王刘建之女细君为公主嫁乌孙“昆莫”（王）猎骄靡，出塞路过敦煌。置效谷县，以原鱼泽障尉济南崔不意为县令。汉太初三年（前102年），汉武帝以宠姬李夫人兄广利为贰师将军，击大宛。因一路遭到抵抗，未至而还驰奏罢兵，武帝闻之大怒，下令“军有敢入斩之”，广利恐，留屯年余，发兵6万，战马3万，牛10万，驴、骡、驼1万多，再度西征。汉太初四年（前101年），李广利西征大胜复经敦煌而还，封海西侯。从此从敦煌至盐泽（今罗布泊）往往起亭。汉征和二年（前 91 年）秋七月，因发生宫廷政变，太子败，牵连被冤杀者数万人，胁从者皆徙敦煌郡。汉宣帝元康二年（前 64 年），龟兹王与夫人朝汉，官员、侍从、车骑浩浩荡荡往返经由敦煌。汉甘露元年（前 53 年），破羌将军辛武贤带兵 1.5 万人至敦煌讨乌孙，在敦煌通渠积谷以备战。魏明帝太和五年（231）仓慈任敦煌太守。“抑挫权右”，“以渐收敛民间私仗，藏之府库”，为西域各国胡商提供种种方便，使敦煌成为胡汉交往的都会。

历史敦煌

“舜窜三苗于三危。”《尚书·舜典》中的这段文字，说的是三苗被逐，在党金果勒河、疏勒河流域，找到了自己的栖息地。千辛万苦的跋涉，眼含苍茫，只在敦煌露出醉心的笑容。据文献记载，许多游牧民族，在脚踏敦煌大地的一刻，都有一种欣喜的感觉，他们甚至赞叹：这里真是一块“可牧可宅之地”啊！

那时候的敦煌，如同戈壁沙漠中盛开的野花，独自寂寞又独自鲜艳，水波潋滟，草木竞秀，鸟儿飞舞于蓝天，兽类穿梭于丛林。在一个较大的被荒凉环绕的地理空间，敦煌所呈现的景象，对于九死一生的人来说，无疑是步入天堂了。

允戎、羌人，把敦煌亘古的原始搅得火热，他们追逐野兽的呼叫声，震动着春天的花瓣，他们的欢乐被月光刻印于石壁，以致我们现在看见它的时候，仍然兴奋不已。

后来，一支名为“月氏”的游牧民族，以“控弦十万”的强大部落涉过无边的沙漠，称雄河西。那时，敦煌是他们的大本营。公元前203年，更强盛的匈奴，以“控弦之士三十万”的威势，挫败匈奴，成为敦煌的霸主。

正是这样一种历史形势，当时西北的民族问题，酿成了重大的政治问题。汉匈两大民族的南北对峙，形成了矛盾的中心。其他民族关系，均由此引起。诸如月氏西迁、张骞西使，以及河西设郡置县，西域的屯田设官，无一不与解决匈奴问题有关。

敦煌汉长城

一些史家曾研究推测，汉武帝是一个喜好良驹的君王，张骞的出使和河西的用兵，是为了求得一种名曰千里马的“天马”。帝王的嗜好固然可以改变特定历史的某一段方向，但把“河西归汉”这一重大历史事件，仅仅归结于此，却失之公正。

而所谓的“天马”恰恰出自敦煌。《汉书·武帝纪》李斐注曰：“南阳新野有暴利长，武帝时遭刑屯田敦煌界。数于渥洼水旁见群野马，中有奇者，与凡马异，来此饮水。利长先做土人，持勒靽于水旁。后马玩习。久之，代土人持勒靽，收得其马，献之。欲神异之，云从水中出也。”就是因为敦煌，就是因为聪慧的暴利长，就是因为一匹马，让汉武帝写出过这样的诗句：“太一况，天马下。沾赤汗，沫流赭。”诗中天马的形神逼真亲切，好像直奔我们中间。对于捕获一匹良马，帝王所表现出的兴致，略见一斑。在冷兵器时代，马作为力量、速度和勇气的象征，在战争的天平上，无疑占有重要的砝码，理解了这些，我们就更能理解汉武帝在此首诗中想要表达的心情了。其实，张骞西使的目标很明确。公元前 3 世纪后期，中亚以东的格局十分严峻：北方是匈奴，中间是大月氏，南边是初期的西汉。大月氏的中心位置，原来在“敦煌、祁连间”，匈奴排挤了大月氏之后，新建立的汉王朝的西北边境就处在匈奴的威胁之下了。联合月氏，抗击匈奴——张骞肩负着如此沉重的使命，向着月氏迁徙的足迹，茫然而又自信地出发了。

这一年的四季格外风调雨顺。富庶的西域，草长鹰飞，牛羊布野。所到之处，迥异的风俗、独特的生活方式，让皇皇帝国的使者眼界顿开。也许，一路走来，他们已经真切地融入了草原民族的生活之中，而旅途中的艰难困苦，也就变得不值得一提了。光阴如梭，当张骞辗转来到月氏的营地，他才发现一个事实：优美的草场、富足的生活，早已使月氏人忘记了仇恨。所以，与月氏联合抗击匈奴的计划自然泡汤。

随着张骞在历经千难万险之后光荣归来，在中原人眼中，西域神秘的面纱才徐徐撩开，中亚诸国的地理、风俗、物产以及张骞一行的独特经历，引起了汉武帝浓厚的兴趣。从此，西域进入了汉王朝的视野。

公元前 121 年，汉武帝决定断敌右臂，张我左掖，进发河西走廊。河西稳定后，张骞再次出使西域，同西域各国进行了广泛的贸易交流，“凿通”了中原通往西域的“丝绸之路”。敦煌，从此被推向了历史的前沿。

设防、屯垦、移民，加之空前的贸易往来，悠扬的驼铃，以其顽强的穿透力，在稀薄的空气中，在艰险的旅程里，造就了无限的奇迹。一个个封闭的地理圈、文化圈被冲破了，形成了文化的整合。而敦煌，包容了这一切。

地理是一种背景，就像时间和空间是认识事物的前提一样，地理是生活方式的背景。

古代的敦煌,为每一个流浪者描绘了心中的画卷。一行人远离故土,临行前,带了清水一壶、黄土一匣，找到了水土与此一样的地方，激动得神情不能自抑。在通往西域的道路上，这样的地方，只有敦煌。

祁连山流出的雪水，清流如织。绿洲的景象，生机勃勃。农业和畜牧业的兴旺，生产着充足的物质资料，过往的商队、旅者和戍边的军士，都愿意在此休养，以便获得新的力量继续登上漫长而艰苦的旅程。走过戈壁沙漠，走过碛石盐泽，走过关垒烽燧，走过白草高丘，抵达敦煌，则是上苍的赐予。

地理敦煌

敦煌，与北京差不多同在北纬 40 度线上，地处甘、青、新的交汇处。此地被正式称为“敦煌”是汉武帝元鼎六年的事，即公元前 111 年。

当时，这里是羌戎和匈奴的游牧地。

敦煌的西部，荒漠绝塞。

据《汉书・地理志》记载，敦煌郡下辖六县：敦煌、冥安、效谷、渊泉、广至、龙勒。这也是是现今敦煌全境和安西的部分地区。

面对历史的冲突、历史的曲折、历史的考验、历史的挑战，敦煌像是一件经久耐用的瓷器，被打磨、被抛光，使我们看见了一个闪烁着文化光彩的历史真面孔。

在西北，自然的空阔和博大的景象让人唏嘘，而那些遗落于自然空间的历史的遗迹也是惊心动魄，就像日本京都大学杉山正明教授在《丝绸之路与中国古代文明》一书日文版序言中所说的那样：一个半世纪以来，世界和时代都在发生巨变。而中国，现在已成为当今世界屈指可数的泱泱大国。“探险家”们探索过的亚洲内陆各地、帕米尔高原的东西南北，自沙皇俄国和清政府相互对峙的 18 世纪后半期以来，大约经过 200 年，业已物换星移，演变成“开放空间”。贯通欧亚大陆和丝绸之路地域的通道，如今正开启大门。我们就生活在这样的时代。

敦煌莫高窟的佛塔

在这样的一个时代，人们格外关注敦煌。因为敦煌积累了这一广大地区的文化精髓，人们能够从这里体会和了解另一个时代，甚至遥远的过去。

让敦煌闻名世界的是莫高窟。然而，为什么莫高窟会在偏僻一隅的敦煌诞生？为什么它又会在敦煌最边远的大泉河谷矗立？这是近年来人们思考最多的问题。要回答这两个问题，却必须从历史、地理、文化等的背景上说起，就这个问题，写一部书，也未必能说得很透彻。

在地理学上，在沙漠环抱的环境中，极度的荒芜是绝对的。但在祁连山的周围，情况就不同了。祁连山像一道坚实的屏障，不仅减弱了蒙古高原风沙的威势，也遏止了北部巴丹吉林沙漠的南侵，加之西北—东南走向的群山正有利于东南季风的穿堂入室，高峻复杂的地形使遭遇阻碍的水气凝为雨雪沛然而降，神奇地点化了无垠的荒漠。在整个丝绸之路沿线，绿洲整齐地分布着，这些绿洲是丝绸之路的生命线。而在这条著名的文化交流和贸易往来的线路上，绿洲

现代敦煌的街景

的均匀摆布是令人惊奇的，大概每一百公里就有一片丰腴的绿洲。在一些地段，尤其是距离中原很近的农耕地带，绿野相连的情景比比皆是。到了敦煌就不同了，因为敦煌以西的大片地带都是茫茫的戈壁和沙漠。在某种意义上来说，出了敦煌，就等于进入了“死海”，而穿越了“死海”，就到达了西域。敦煌，在丝绸之路全部的交通线上，像是一个枢纽，它的田畴、树木、泉水和河流，如同神话传说中晶莹剔透的玉，释放着夺目的光辉。

在这样一个位置上，人们对于敦煌的留恋是万分缠绵的。或者前路迷惘无知己，或者一路春风过玉关，或者九死一生两眼泪。人们对于敦煌的感情是复杂的，把所有的奇迹都归于敦煌，把无限的希望寄托于敦煌，还把美好的愿望留在了敦煌。

那些商胡使者，那些冒险家，那些流浪者……对他们来说，敦煌，是他们的乐园；敦煌，是他们的吉祥之地；敦煌，是他们成功的起点和命运的终结。佛教东渐的过程中，敦煌最实际、最有力、最全面地解释了佛教。

南来北往的人，东奔西走的人，在敦煌停了下来。脚步停下来，他们的梦和心也就停了下来，永远不能带走。并且，他们为自己的梦和心，绘制了形象的标识。或许，莫高窟等一大批敦煌的历史文化遗迹早已深深烙印在无数追梦者的心头，永不褪色。

丝路敦煌

丝绸之路最初的形成，是政治、军事的需要，然而，促使它兴旺不衰的根本动力，则来自于一种强大的交流欲望的驱使。

一方面，在丝绸之路的广大地区，随着中原军队的驻扎，随着贸易交流的逐渐频繁，汉文化得到了广泛的推广。汉文化与其他文化渐渐融合，吸收更加高级的生活方式，在一片又一片的绿洲上，一块丝绸，一件陶器，一种方言，早已超越了它本身，成为文化的符号。

随时制宜，随地制宜，丝绸之路上的民族地域，尤其是敦煌，保存了当时最高级、最合适的文化。

文化的另一种形态，表现为经济的异常繁荣。《汉书·地理志》将“敦煌”二字解释为“盛大、辉煌”。当然，支撑这盛大辉煌的基础是经济贸易的发展。在古代中原的农业社会中，先进的农耕技术，首先在敦煌播撒下希望的种子。文明的曙光，在肥沃的土地上，在一片苍凉的草丛中，燃起燎原之火。曹魏时期，皇甫隆任敦煌太守时，“教作耧犁，又教衍溉，岁终率计，其所省庸力过半，得谷加五”；《沙州都督府图经》中记载了敦煌兴修水利的情况：有前凉沙州刺史杨宣在州南修建的长十五里的阳开渠、州东长四十五里的北府渠，前凉敦煌太守阴澹在州西南修建的阴安渠，后凉敦煌太守孟敏在州西南修建的长二十里的孟授渠。几条渠都引甘泉水灌溉农业，“百姓蒙赖”。由于地理环境的优越，

敦煌的骆驼雕塑

经济实力的增强，“商胡贩客日款于塞下”，公元 4 世纪末，敦煌的定居人口已达两万多户。

历代君王充实敦煌的目的，意在经营西域。因此，敦煌的安危，牵一发而动全身。从敦煌抵达西域最近的绿洲，也要上千里，这在文化、经济和各种要素的联系上，有了艰难的空档。而这个空档中浩瀚的沙漠，构筑了人类通行的天然屏障。有了敦煌这样一块丰腴的绿洲，穿行者灵魂的大本营就可以矗立于任何艰苦的生存状况之中，鼓舞前行的步伐。这在很大程度上使敦煌由真实的地域变为理想的诗境。

另一方面，汉文化精神的宽容、豁达、大度以及最善于兼收并蓄的特点，在敦煌，产生了巨大的凝聚力，它不仅改变了敦煌偏僻沉寂的历史走向，而且使丝绸之路这样一条单纯的贸易线路成为传播文化与输送精神滋养的友谊之路。

佛教敦煌

遥远的敦煌，是凭着经验、技巧、勇气和机缘才可以跨越的地理界线。而宗教的跨越，却是历史的选择。

从某种意义上讲，没有宗教，便没有神话的曙光。

东汉时，佛教先由西域传入，而后遍及中原。敦煌作为佛教东传的中继站，像一块充满生长欲望的土地，等来了属于自己的种子。

客观上，由于主流的儒家思想没有超然崇拜的观念，不存在非现实的生活幻想，忽略了人生的终极意识，这一意识形态的空虚地带，很快被宗教所补充。

主观上，人们受到各种社会因素的制约，欲望不能满足，情感无以寄托，幸福的希望常常破灭。人们通过非现实的超然物外的幻想，获得了生活的理由和勇气，把美好与憧憬，顽强地延续。正如近代学者王国维所言：“佛教之东，适值吾国思想凋敝之后，当此之时，学者见之，如饥者之得食，渴者之得饮。”

今天，历史的烟云散尽，丝绸之路变得荒寂模糊，我们再去看宗教的遗留，会发现，敦煌，保留了真实的历史和灿烂的文化。

敦煌文化的形成期时值唐王朝雄踞东方，国运昌盛，四海归服，敦煌已是东西南三方的交汇点。这个时期是中国古代历史上最开放、最开明的时期，因而，敦煌的文化交流亦达到极致。

那时，西域各族定居中原，而中原的物质文明与精神文明的产品不断地输

沙漠中的莫高窟

入西域。敦煌，这个丝绸之路上的重要枢纽，行人往来如织，店铺林立，人文荟萃。但通往西域的艰难程度仍然没有丝毫的改变。西出阳关，则生离死别；东归玉门，则欣喜若狂。在经历过种种奇遇之后，一切幸运都归于上苍的护佑。所以，在敦煌，人们感恩与祈祷、敬佛的情绪格外浓烈。造窟迎佛，不仅有敦煌世族的慷慨解囊，而且商旅行客也加入了进来。于是，在敦煌东南部的沟壑幽谷，鸣沙山的岩壁上，大大小小的佛窟不断涌现，作为人们生前获取福佑、死后进入天堂佛国的投资。

敦煌莫高窟的诞生，从最初的吸收外来文化的式样，到逐步民族化、世俗化的特点，充分表现了它们与当地政权和民众有着文化的、意识的和生活的密切联系。主流上，敦煌文化是以佛教文化为主的地方文化，所以敦煌文书的绝大多数是佛教卷子。面对生老病死的自然规律，人们当然要抄经发愿，乞求平安；但遇到两只小牛犊的无端斗殴，也要抄经发愿，则显得有些荒唐。可见在敦煌，弘扬佛法的民间氛围多么浓厚。中国古代历史上，不管是兴是衰，民间社会中人们往往就是靠佛教在调节着精神、普及着善良。

莫高窟，俗称千佛洞，位于敦煌市区东南 25 公里，洞窟开凿在鸣沙山东麓的崖壁上。从敦煌南部的戈壁滩一直向三危山进发，一路上荒凉无比，但进入大泉河谷，突然间“柳暗花明”，挺拔的白杨浓阴蔽日，莫高窟九层佛阁的尖顶显露于岩壁之上。南北长约 1600 多米，上下排列 5 层的石窟群，高低错落有致，鳞次栉比，形如蜂房鸽舍，壮观异常。它是我国现存规模最大、内容最丰富的古典文化艺术宝库，也是举世闻名的佛教艺术中心。1961 年，被列为全国重点文物保护单位。据唐《李克让重修莫高窟佛龛碑》记载，莫高窟始凿于前秦建元二年（366），距今已有 1600 多年的历史。其所以要在这里建窟造像，碑文中说，有个“戒行清虚、执心恬静”的沙门乐僔和尚，“尝仗锡林野，行至此山，忽见金光，状如千佛”，他认为这是一块圣地，为了表示佛门弟子的虔诚心意，即许下了造龛塑佛的夙愿。于是，经多年化缘，筹集资金，最终请来工匠“造窟一龛”。不久，又有个法良禅师，从东方来到鸣沙山下，在第一个窟的旁边开凿了第二个洞窟。从此以后，不仅僧人一代接着一代建窟造像，而且许多地方官吏、王公贵族、商贾市民也来到这里建起洞窟，到了唐代，这里已是一个有近千个洞窟的佛教圣地了。莫高窟虽然在漫长的岁月中受到了大自然的侵袭和人为的破坏，但目前仍保存有从十六国后期到北魏、西魏、北周、隋、唐、五代、宋、西夏、元等各代洞窟 735 个，其中有壁画、彩塑者共 492 窟，

敦煌莫高窟的牌坊

彩塑2000余身，壁画4.5万多平方米，唐宋木构建筑5座。

莫高窟是古建筑、雕塑、壁画三者相结合的艺术宫殿，尤以丰富多彩的壁画著称于世，被誉为“世界艺术画廊”。敦煌壁画的内容和容量之丰富，是当今世界上任何石窟、寺院或宫殿都不能媲美的。环顾洞窟四周和窟顶，到处都是佛像、飞天、伎乐、仙女等。从壁画内容上说，有佛经故事、经变画和佛教史迹画，也有神怪画和供养人画像，还有各式各样精美的装饰图案等。历代工匠们在表现佛教经典内容的同时，还直接表现了现实生活，有狩猎、耕作、打鱼、收割、推磨、舂米、盖房等劳动场景，有婚丧、嫁娶、旅行、作战、行医、剃度、洒扫等社会生活画面，有学校、酒肆、屠房、旅店等场所的活动场面，有车船、犁杖、连枷、纺车、织机等交通及生产工具的形象描绘，有亭、台、楼、阁、奇塔、宫殿、院落、桥梁等古代建筑图样，还有音乐、舞蹈、杂技等艺术活动的速写。许多画面真实地记录了古代中外经济、文化交流的历史。从这个意义

敦煌石窟外观

上说，莫高窟是一座伟大的艺术宫殿，是一部形象的百科全书，它以数量浩瀚、技艺卓绝的壁画艺术向人们展示了公元 4 世纪到 14 世纪千余年间的社会历史图景。

莫高窟壁画之所以如此引人注目，不只因为它内容丰富、题材广泛，更重要的是在那数万米画廊中，到处都是艺术珍品，精美之作比比皆是，它们是无价的瑰宝。比如，第 220 窟壁画，每幅皆为上乘之作，其中之维摩诘像乃人物画之精品。画中维摩诘停摇手中羽扇，目光炯炯，身体微微前倾，希图在对方言语出现漏洞时，伺机反击，使对方被动的神情跃然壁上。大腹便便，雍容大度——帝王威严一目了然。随行臣僚，情态各异，十分有趣。图画采用中国传统画法，形神融于一体，整个画面显得协调有致。有人认为此图较阎立本的“帝王图”有过之无不及。第 61 窟是五代时期的洞窟，为曹议金之子曹元忠的功德窟。该窟西壁的通壁巨幅《五台山图》，绘制了自今山西太原经五台山至河北镇州（今河北省正定县）达250公里的山川形势、桥梁寺庙以及各类人物的活动场景等，是西夏以后壁画中少有的佳作。画中的《太原夜宿》，仅画一座客房、一头牲畜和两人铡草的场面，就极为生动地勾画出一幅夜宿小景。第112窟南北两壁的经变图其内容完全相同，但表现手法和艺术风格却有明显区别。画师根据各自不同的理解，在同一内容中表现了各自独特的艺术才能，两相对照取得了强烈的艺术效果。第156窟《张议潮统军出行图》，画面人物二百有余，前有吹大号擂大鼓的军乐队和手持军旗的卫队，后有护卫“旌节”的武士，中间张议潮在文武官员的前呼后拥中骑着大马走上桥头，紧跟着的随行官员缓缓而行，整个画面威武雄壮，张议潮收复河西的历史功绩得到充分体现，堪称敦煌壁画中的精品。

莫高窟的雕塑久享盛名。这里有高达33米的坐像，也有十几厘米的小菩萨，绝大部分洞窟都保存有塑像，数量众多，可以说是一座大型雕塑馆，其中有不少佳作，而以魏塑和唐塑最富有代表性。早期的魏塑大都是站像，体格清瘦，额宽鼻高，眉眼细长，佛身一般穿拖地长袍，菩萨一般上身袒露，衣着褶皱，紧贴躯体，好像穿着薄薄的绸纱，刚从水里出来似的，后人称其为“曹衣出水”。莫高窟的唐塑最多，共有670身，大多面相丰满，线条流畅，服饰华丽，表现了古人高超的雕塑技巧。第45窟的彩塑是盛唐时期的代表作，窟内雕塑着一个成整体的塑像群，其中迦叶塑像最为突出，那轩昂的气度，深沉的神色，把一个高僧的精神外貌表现得惟妙惟肖。迦叶塑像旁边有一尊胁侍菩萨像，其肌体细腻，眉清目秀，富有绸质感的衣裙好像要被清风吹起，尤其是那安详而恬静的微笑极为动人，充分体现了其美丽、善良的丰采。在莫高窟中，这样的艺术珍品不乏其例。

莫高窟第 320 窟：飞天（盛唐）

到了唐代，敦煌飞天已完成了中外吸收、融合的历程，完全形成自己独特的风格，达到了艺术的顶峰。唐代洞窟的四壁画满了大型经变画。飞天不仅画在藻井、佛龛、四披上，大部分画在经变画中。佛陀在极乐世界正中说法，飞天飞绕在上空，有的脚踏彩云，徐徐降落；有的昂首挥臂，腾空而上；有的手捧鲜花，直冲云霄；有的手托花盘，横空飘游。那迎风摆动的衣裙，飘飘翻卷的彩带，使飞天显得格外轻盈巧妙、潇洒自如、妩媚动人。第 320 窟的形制为方形覆斗顶，是盛唐的代表窟之一。窟顶藻井画云头牡丹井心，四周以方胜纹、团花等作边饰，结构严密，赋色精细，色彩如初，极富装饰性，为唐代图案佳作。南壁千佛之中有一铺释迦说法图，说法图的上部绘有四身两两相对飞舞的飞天，她们仅借两条长巾便轻盈飞舞，表现天女散花的神采。两对飞天采用对称形式，相互追逐逗引、前呼后应，表现出轻松愉快的精神境界和姿态，线描流畅，色彩艳丽，造型优美，是莫高窟飞天艺术中杰出的作品。

莫高窟第 320 窟：飞天（盛唐）

莫高窟第 159 窟：乐队图（中唐）

第 159 窟西壁佛龛北侧的壁画是文殊变下部的乐队，一人打串板，一人吹横笛，一人吹笙。三位乐人眉目清秀，楚楚动人。三人眼睛的形状和神态各不相同，但都全神贯注，沉浸在乐曲旋律的美妙境界中。优雅的演奏动作，灵巧娴熟的指法，特别是吹笙乐人的大拇脚趾，像是正合着音乐节奏轻轻地跷起，形神兼备，生动传神。

莫高窟第 159 窟：乐队图（中唐）

莫高窟第 57 窟：菩萨（初唐）

第 57 窟开凿于初唐时期，窟形为覆斗顶殿堂窟，西壁开双层龛，窟形和双层龛形有明显的隋代遗风。洞内有一幅莫高窟最美的菩萨，此窟也被世人称作“美人窟”。菩萨头戴化佛冠，上身半裸，肩披长巾，身佩璎珞，一手上举轻扶飘带，一手托供品，体态优美，身体略呈 S 形，目光下视，若有所思，肌肤细腻，散发着一种雍容华贵的美。

《释氏要览》中曾提到：“造像梵像，宋齐间皆唇厚鼻隆，目长颐丰，挺然丈夫之相。自唐以来，笔工皆端严柔弱似妓女之貌，故今人夸宫娃如菩萨也。”

莫高窟第 57 窟：菩萨（初唐）

说明当时莫高窟的画工在描绘佛国中的菩萨时，已普遍采用世俗生活中的人物为蓝本。这身胁侍菩萨身后的四身菩萨面容娇美，有的眼波流转，有的脉脉含情。菩萨和弟子的面部主要采用中国传统的赋色方法：即在某些凸出部分，如两颊、下颌等处缀红后用水晕开，自成浓淡凸凹的效果，这样的晕染技法达到了不露笔痕保持颜面红润本色的艺术效果。这就是外来的“天竺遗法”在唐代技法中的应用，恰当地展示了年轻女性皮肤的细腻润泽，理想化的美让人心往神驰。

莫高窟第 3 窟：千手千眼观音（元）

千手千眼观音是佛教密宗中最重要的菩萨之一，也是人们最敬奉，在佛教密宗艺术中塑造、绘制最多的菩萨。佛教中的任何一种图像都是依据佛经绘制的。把某一部佛经的抽象文字绘成具象的图画，通常叫作某某经变，或某某变相。讲述千手千眼观音的佛教密宗经典很多，其中在佛教史上最著名、最流行的是唐代天竺西域高僧不空译的《金刚顶瑜伽千手千眼观音自在菩萨修行仪轨经》和伽梵达摩译的《千手千眼观世音菩萨广大圆满无碍大悲心陀罗尼经》。这两部佛经都简称为《千手千眼观音经》。以《千手千眼观音经》绘制成的图像叫作《千手千眼观音经变》或《千手千眼观音变相》，简称为《千手观音》。不同的经典对千手千眼观音的造型仪轨虽有所不同，但多是大同小异。千手千眼观音的造型，最特殊的是首、眼、手三大部分。经文中说，观音菩萨以修正圆通无上道的缘故，能变现诸多妙容：由一首变三首、十一首、二十七首、五十一首、一百〇八首、五百首、一千首、一万首，乃至无数首。其目能由二目变为三目、一百〇八目、千目、万目，乃至无数目。手臂也可由二臂变为四臂、八臂、十二臂、四十二臂、一百〇八臂、五百臂、一千臂、一万臂，乃至无数臂。所以讲“千手千眼”并不是指实数而是指数量很多。这么多的首、眼、手臂是无法表现出来的。古代聪明的艺术家，采取以少代多、以虚代实的办法绘制了许多不同造

莫高窟第 3 窟：千手千眼观音（元）

型、不同风格的《千手千眼观音》。观音的首面，多以三首、十一首、五十一首代替。那么千手千眼怎么办呢？艺术家在观音的身上绘出许多手持各种法器、宝物的大手，在大手外边画上千只小手，用小手组成观音的圆轮形背光，又让每只手中长出一眼，这就变成了“千手千眼”。在千手千眼观音的造像中，雕塑是塑造一身高大的正观音像和几十双大臂大手，身后以扇形雕塑无数只有眼的小手代替千手千眼。有的实塑千手千眼，有的多于千手千眼，有的少于千手千眼。绘画中的千手千眼观音，多画一身高大的正观音的立像或坐像，把观音的头部画成三首、十一首、五十一首，在观音的两侧画几双、十几双、几十双大臂大手，身后以圆轮形身光画无数个小臂小手代替千手千眼。有的实画千手千眼，有的多于千手千眼，有的少于千手千眼。实塑实画的千手千眼观音像，多是在正观音体上塑画十八手，或四十手，而将其九百多只手塑画成小手，以扇面形或圆轮形排列在观音的身后。

莫高窟第 428 窟：萨埵太子本生故事（北周）

这是敦煌早期最大的中心塔柱式窟。前部人字披顶。此窟壁画内容丰富，北壁绘说法图、降魔变等；西壁绘金刚宝座塔、涅槃变、二佛并坐等；南壁为说法图、卢舍那佛等；东壁的佛本生故事画较为突出；其中南侧绘萨埵太子舍身饲虎的故事：从前，大车国王有三个太子，最小的太子叫萨埵。一天，风和日丽，三位太子进山打猎，来到深山谷，见一只母虎因产后体弱，捕不到食物，饥饿难忍，想吃身旁的幼子保命，但又难以下口，正犹豫不决。“老虎母子太可怜了，我不能让它们活活饿死在这里。”三太子萨埵心想，“老虎虽然恶名在外，但也是生命，应该想办法救活它们！”决心已定，他怕二位兄长阻拦，谎称自己有件小事要办，让兄长先走。兄长走远以后，他来到老虎前，脱了衣服，躺在虎口边。但是，母虎的身体太虚弱了，连吃肉的力气也没有了。此时，萨埵救虎之心更加

莫高窟第 428 窟：萨埵太子本生故事（北周）

迫切了。心想，若再耽误时间，老虎母子就性命难保了。他折了一根竹刺，登上山崖，刺破喉咙，纵身跳下落在虎口前。母虎闻着血味，用舌头舔食，才有了点力气，挣扎起来，将萨埵的血肉吃完，领着小虎走了。二位兄长在山谷口等了半天，不见弟弟赶来，又返回寻找。人和虎都不见了，只见山崖下一堆白骨。他们通过衣服才认出这是萨埵的尸骨，于是放声大哭，十分悔恨。最后一想，人已死了，哭也无用，于是拿起萨埵的衣服，回宫报信。父母一听这个不幸的消息，悲痛欲绝，来到山谷，抱尸痛哭，昏倒在地。众人急忙呼唤，才逐渐醒了过来，随后，他们将三太子的尸骨运回王城，建造了一座舍利塔，将太子遗骨供入塔中，香火四时不断，使萨埵早日功德圆满成佛。这幅故事画以三条横卷相接，呈连环画构图，用笔简练，手法写实，图案化的群峰和树木既表明了故事发生的环境，又具有浓厚的装饰效果。这幅画绘的是佛教壁画中表现最多的题材之一，也是莫高窟最完美的组合式本生故事画之一。此画中间最大的场面是“饲虎”，是全画的主体，突出描绘萨埵被咬食的身躯和张牙舞爪的正在啖食人肉的饿虎，用细节来深化悲剧主题。然后沿一条旋形结构线依次画萨埵刺颈、投崖、饲虎，兄长收骨、报信，父王痛哭、建塔等八个场面。全图结构严谨，穿插合理，浑然一体，笼罩着强烈的悲剧气氛。

莫高窟第 257 窟 :《鹿王本生图》(北魏)

《鹿王本生图》是敦煌莫高窟第 257 窟的北魏时期的壁画。本生故事是指佛教创始者释迦牟尼生前所经历的许多事迹。释迦牟尼原是古代印度北部一个小国——迦毗罗卫国净饭王的儿子，传说他因看到人世生、老、病、死很苦，便出家修行，以求解脱，后来成了“佛”。“鹿王本生”说的是释迦牟尼前生是一只九色鹿王，他救了一个落水将要淹死的人反被此人出卖的故事。传说从前在印度的恒河岸边，有一只美丽而善良的九色鹿王。一天，九色鹿王正在河边

莫高窟第 257 窟：《鹿王本生图》（北魏）

悠闲散步，突然听到河里传来凄惨的呼救声。勇敢的九色鹿不顾自身的安危，纵身跳入河中，顽强地与恶浪搏斗，终于把落水人调达救上岸来。调达庆幸自己的再生，感激涕零，向九色鹿频频叩头道谢。九色鹿王说："不必谢了，回去吧，亲爱的调达，我只希望你不要向任何人透露我的行踪。"调达发誓说："恩人啊，请你放心。如果我背信弃义，就叫我浑身长满烂疮，嘴里散发出恶臭。"说完就走了。在途中，调达见到了一张国王悬赏捕捉九色鹿的布告，说摩因先王的王后因梦见美丽的九色鹿而想马上得到它，谁能捉到九色鹿或知道九色鹿的行踪，报告国王，就可以领赏。忘恩负义的调达见利忘义，立即前去告密，并带领国王的大批兵马去捕捉九色鹿。处于重重包围中的九色鹿，猛然跳到国王面前，陈述了救调达及调达背叛誓言的经过。九色鹿的阐述，深深地感动了国王及士兵，大家将愤怒的目光一起射向忘恩负义的小人——调达。调达无地自容，霎时间身上长满了烂疮，嘴里散发着恶臭，从此永远受到人们的鄙弃和唾骂。国王非常惭愧，愤怒地斥责调达，并下令全国：以后任何人都不准伤害九色鹿。王后贪婪的欲望落空了，她又羞又恨，最后也心碎而死。"鹿王本生"壁画，在表现形式上是长方形的构图，分段描绘故事情节，十分严密而生动，突出地塑造了鹿王矫健匀称的美丽形象。表现方法上用"凹凸法"渲染，即用深色晕染外缘，到中间渐浅，最亮部分用白粉点染，表现出物像的体积感。设色浓重强烈，多用土红、粉红、蓝、草绿等色。由于年久变色，原来深一点的颜色已变得很暗，或成了灰黑色，如人的肌肉原来都是肉红色，因为年久，其中铅粉已变成黑色。勾画形象的轮廓线，是用屈如铁丝的很遒劲挺拔的线条表现出来的，笔简而有力，手法自由而纯熟，画风严峻劲拔。画中的山水，是用土红或蓝绿等色平涂的，无皴擦，有装饰味，小山像一个个馒头似的排列着。树木的枝干是用土红色画的，树叶用绿色大笔涂染。这种高超的艺术手法，说明了北魏时期的莫高窟壁画既继承了民族传统，也吸收了外来艺术的优点，并在这一基础上不断发展着。

莫高窟第 285 窟 :《五百强盗成佛图》(西魏)

《五百强盗成佛图》绘在敦煌莫高窟第 285 窟南壁，是西魏时期的一幅因缘故事画。此幅壁画是依据《大般涅槃经 · 梵行品》中经文绘出。这是一横卷

莫高窟第 285 窟：《五百强盗成佛图》之一（西魏）

式直线型构图，从左至右画出五百个强盗和国王大军交战、被俘、施刑、放逐、被佛祖救出、听法、入山修行七个场面。

莫高窟第 285 窟：《五百强盗成佛图》之二（西魏）

据《大般涅槃经·梵行品》记载，在古印度的摩伽陀国边境，有五百个强盗结为同伙，占山扎寨，拦路抢劫，杀人放火，无恶不作。不但有害于本国人民，还殃及他国，影响邻国之间的往来交流。

摩伽陀国王得知后，十分恼火，并立下誓言："我身为国王，理当御敌安民，保护百姓的生命与财产的安全，怎么能够容忍盗贼枉杀无辜，掠夺人民的财产？不铲除这帮盗贼，我誓不为王！"

于是摩伽陀国王命令象、马、车、步四兵，全力征剿盗贼。官军兵精粮足，锐不可当。盗贼寡不敌众，很快就战败被俘。

国王对犯上作乱的盗贼十分痛恨，决定杀一儆百，对他们施以酷刑。于是下令挖掉盗贼的双眼，剁掉双手，割掉耳朵、鼻子，然后将他们放逐到虎狼出没、毒蛇横行的荒山野岭，断绝他们的粮食，把他们活活饿死。

这伙盗贼双目失明、身体疼痛，再加上饥饿难忍，于是都呼天抢地，发出凄厉的号叫声。其中一人看到众兄弟绝望的表情，就对大家说道："我听说释迦牟尼佛拥有至高无上的神通。我等即将死去，何不现在皈依释迦牟尼佛，好求得一线生机呢？”五百盗贼听了，便齐声念颂：“南无释迦牟尼佛，救救我们吧！”

此时佛陀正在灵山祇园精舍坐禅入定。他听到五百盗贼的呼救声，便开启天眼，看到了强盗们的痛苦处境。佛陀顿生慈悲之心，于是以佛法神通，从香山药林吹起一股带有旃檀等妙药的清凉之风，刮到盗贼流放的荒山野林中。灵药吹到盗贼的身上后，他们的双目奇迹般地复明了，而且四肢、耳鼻也全部复原。

五百强盗都欣喜若狂，欢呼雀跃起来，他们一起向灵山拜佛，感谢佛陀的大恩大德。佛陀从远处看到这伙盗贼，觉得他们今生还可以度救，便从空中而来，为他们宣讲佛法。五百强盗抬头见释迦牟尼真身披金光从云头上走下来，急忙顶礼膜拜。

释迦牟尼告诫他们说：“人生有无穷的苦难，若想脱离苦海，永葆快乐，只有摆脱生死轮回。恶有恶报，善有善报，种一丝之德，获无量福报。你们只有皈依佛门，修成正果，日后才能得到永生永世的福德。”

五百强盗听了佛祖的话，顿时心意开解，决心出家学道，修无上菩萨之行。于是都虔诚下跪，匍匐在地，祈求佛陀收为弟子。

从此，五百强盗随佛陀剃度出家，身着法衣，潜心修炼，后来皆修得了真身，成为五百罗汉。

莫高窟第 112 窟：《伎乐图（中唐）

莫高窟第 112 窟的《伎乐图》，为该窟《西方净土变》的一部分。表现伎乐天神态悠闲雍容、落落大方，手持琵琶、半裸着上身伴随着仙乐翩翩起舞，天衣裙裾如游龙惊凤，摇曳生姿，项饰臂钏则在飞动中叮当作响，别有清韵。突然，她一举足一顿地，一个出胯旋身使出了“反弹琵琶”的绝技——左手高举琵琶反背身后，右手转向背后弹拨，上身前倾右屈，右腿高提，左脚独立。

莫高窟第 112 窟：《伎乐图》（中唐）

于是，整个天国为之惊羡不已，时间也不再流逝。在实际的演奏中，这只是一瞬间的效果，作者极其准确地抓住了这一独特优美的造型，以高超精湛的技艺描绘出了这一精彩的舞姿，就像抢拍下了一幅精美绝伦的特写。特别是那着地的左脚，拇指跷起，正合着乐曲的旋律拍打着节拍，更显得妙趣横生。这幅“反弹琵琶”无论是从反映生活的角度，还是从绘画技法的角度，所取得的成就都是引人注目的，是敦煌壁画中的代表杰作。

莫高窟第 158 窟：卧佛（中唐）

位于莫高窟南端的此窟为中唐时期建造，是莫高窟著名的涅槃窟之一。此窟为横长方形，靠后壁有通长大台，大台上又有小形如睡榻的小台，佛像卧其上。这尊涅槃像为石胎泥塑像，身长 15.8 米。左侧是过去佛迦叶古佛，右侧是未来佛弥勒佛。它们与涅槃像共同组成三世佛像，造型优美，神态安详，是中唐

莫高窟第 158 窟：卧佛（中唐）

彩塑的杰作。卧佛背后的大幅壁画，用夸张手法描绘众生举哀场面，更加衬托出佛陀的超凡脱俗。

涅槃像表现的是释迦牟尼圆寂的情景，该佛像横卧于西壁佛坛上，右手支颐，左手轻置腿股部位，双目微睁，嘴露笑意，柔软的袈裟如丝绸一般覆于身躯上。此像温和宁静、气韵贯通，从其怡然恬淡的形貌，可以感受到涅槃再生的潜在生命力与四周充满悲哀的气氛，该佛像与特有的建筑形制浑然一体，构成一部完整的涅槃场景，烘托出佛的崇高神圣。

莫高窟第 159 窟壁画：文殊变、普贤变（中唐）

莫高窟第 159 窟，是吐蕃统治敦煌时期（敦煌艺术中分期为中唐）的代表窟。此窟大约修建于唐长庆四年（824）以后不久，此时正是吐蕃在政治、经济上

莫高窟第 159 窟：文殊变（中唐）

莫高窟第 159 窟：普贤变（中唐）

相对稳定阶段，也是吐蕃时期敦煌艺术的成熟期。文殊，为梵文的音译文殊师利、曼殊师利之简称。意译为妙德、妙吉祥、妙乐，专司智慧，大乘佛教称之为智慧第一，是十大菩萨之上首。骑青狮、执宝柞或利剑，以象征其精进智慧和威猛锐利。普贤，为梵文的音译。即普行善愿之意。大乘佛教称之为德行第一。与文殊菩萨同为十大菩萨之上首，乘六牙白象，持莲荷。通常，文殊、普贤分别侍立于释迦牟尼佛之两侧。在第 159 窟中，文殊菩萨与普贤菩萨分别绘于以佛的两侧，符合释典之上首菩萨侍于佛侧的仪规。

莫高窟第 45 窟：菩萨、迦叶、天王（盛唐）

敦煌莫高窟第 45 窟位于莫高窟南区中段下层，虽无明确的造窟功德记和文献记载，但从洞窟形制、壁画内部和艺术风格看，其营建时间应在盛唐时期。

此窟平面方形，覆斗藻井顶，团花井心，四披画千佛。窟正壁（西壁）开一平顶敞口龛，塑像七身，体态各异，个性明朗。主尊正襟危坐，温和慈祥。迦叶老态深沉，襟怀坦荡。阿难少年颖悟，敦实憨厚。菩萨亭亭玉立，秀外慧中。天王戎装革里，金刚怒目。南壁画观音经变，北壁画观无量寿经变，后壁门两侧壁分画观音、地藏菩萨像等。

莫高窟第 45 窟内景（盛唐）

第 45 窟作为莫高窟盛唐时期的代表窟之一，其形神兼备，栩栩如生的塑像和壁画中刻画精细的各种人物形象，直接反映了当时社会各阶层人们的生活风貌。第 45 窟是盛唐时期的敦煌代表作，不论是人物的塑造，还是壁画的绘制，都达到了很高的艺术水准，看后会给观众留下极为深刻的印象。莫高窟第 45 窟复原窟曾在上海世博会上亮相，可以说让中外观众欣赏到了敦煌文化的一个精彩的缩影。

莫高窟第 130 窟：弥勒佛像（盛唐）

莫高窟第 130 窟开凿于盛唐开元、天宝年间。窟内塑莫高窟第二大佛，因位于 96 窟之南，也称“南大像”。佛高 26 米，为石胎泥塑弥勒倚坐像。洞窟窟形为上小下大的方锥形覆斗顶窟。甬道南北壁上部各开一龛，下部分别绘有供养人像；主室南北壁各绘高约 15 米的巨型菩萨坐像一身，上部为宋代所绘飞天，是敦煌石窟中最大的飞天图像。窟前保存有西夏殿堂遗址。大佛仅头

莫高窟第 130 窟：弥勒佛像（盛唐）

部就有7米，虽然不符合人体比例，但却巧妙地解决了自下而上仰望佛时的视觉差，从而使观佛者能清晰地看到既庄严又慈祥的弥勒佛的表情，更增加了对佛的敬畏感。

第130窟位于莫高窟南区南段下层，距莫高窟南端尽头的洞窟约160米。该窟北侧底层为盛唐时期开凿的第129窟（经中唐、五代重修），二层为盛唐开凿的第162窟，三层为晚唐开凿的第156窟，四层（最上层）为晚唐开凿的第161窟。南侧为中唐时期开凿的第153窟和第164窟。此二窟被宋代开凿的第152窟打破，并经西夏重修。总之，在130窟附近的洞窟，多开凿于唐代，经五代、西夏重修。

敦煌藏经洞

藏经洞是莫高窟第17窟的俗称。此窟原为唐宣宗大中五年（851）时开造，为当时河西都僧统洪辩的影窟。据专家推断，约在11世纪，西夏统治敦煌时期，元代统治者占领敦煌以前，莫高窟的僧徒们，考虑到战争的灾难，于是就把寺院历代保存下来的经卷、文书、档案以及佛像画等全部封存在此洞里，然后外筑补壁，并绘壁画掩人耳目。后因僧徒也逃战争之难未归，洞窟颓废，年久日深，洞窟甬道被风沙淤塞，竟因此幽闭近800年。清光绪二十六年（1900年），莫

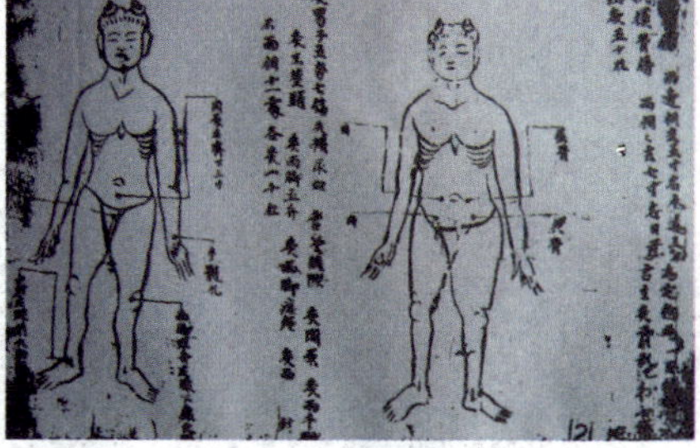

藏经洞出土写卷

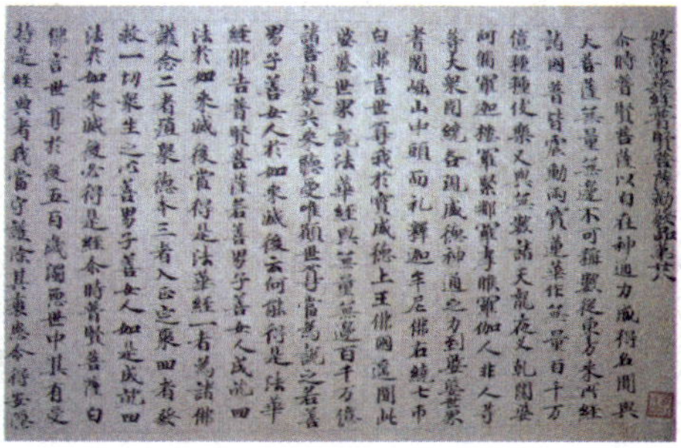

藏经洞出土写经

伯希和在藏经洞翻检文物

藏经洞出土绢画

高窟道士王圆箓，率人“以流水疏通三层洞沙”，秘室始现于世，并谓之“藏经洞”。

藏经洞所藏遗书以佛教典籍最多，还有天文、历法、历史、地理、方志、图经、医书、民俗、名籍、账册、诗文、辞曲、方言、游记、杂写、习书，成为多种物质文明和精神文明的重要依据和补充参证，其主要部分又是传统文献中不可得见的资料，价值尤为珍贵，所以被视为中国文化史上的四次大发现之一。敦煌遗书以汉文最多，又有吐蕃文、回鹘文、西夏文、蒙古文、粟特文、突厥文、于阗文、梵文、吐火罗文、希伯来文等多种古代民族文字，为研究这些古代民族语言文字和民族历史、宗教、文化提供了珍贵资料。敦煌遗书以卷轴装为主，又有梵箧装、经折装、蝴蝶装、册子装和单页等多种形式，还有一些拓本、印刷本和刺绣本，在书籍发展史及书籍装帧史、印刷史上都是难得的实物资料，是研究中国近两千年学术文化发展的宝贵文献。

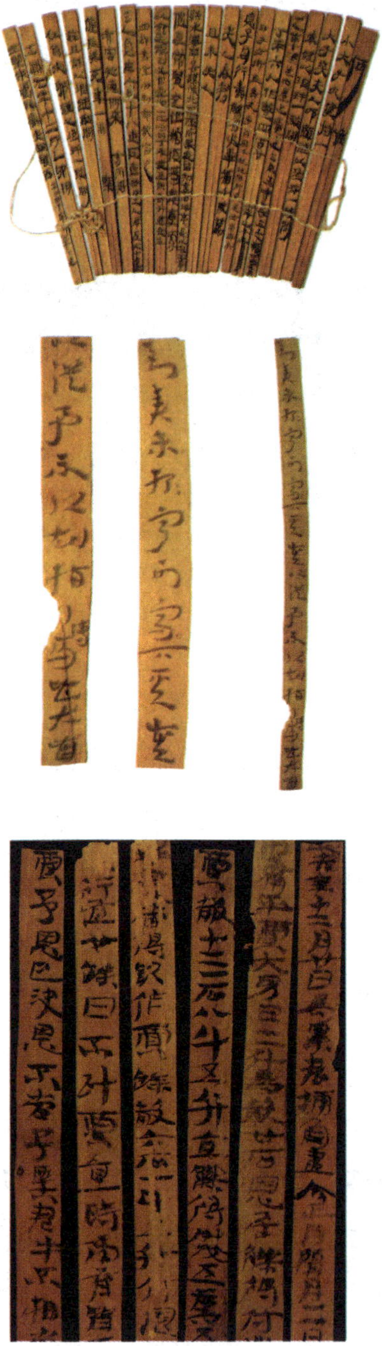

敦煌汉简

敦煌汉简

敦煌市、玉门市和酒泉市汉代烽燧遗址出土的简牍，统称敦煌汉简，其中以西汉中、晚期及东汉早期简居多。敦煌汉简中官、私文书居多。官文书有诏书律令、司法文书、品约、符、传、例行公文及各式簿籍，私文书有买卖契约、书信等。诏书以玉门花海出土的遗诏字数最多，全文凡 133 字，抄在一件木觚上（同一件木觚还有其他简文 79 字），内容完整，未见于史籍。律令有捕律、“击匈奴降者令”等。捕律涉及对放弃亭守、投降、杀降者的处分，“击匈奴降者令”涉及斩首捕虏论功拜爵赐金钱的具体规定。司法文书如“言律曰畜产相贼杀，参分赏，和。令少仲出钱三千及死马骨肉付循请平”。引用适用法律并明确论决结果。品约有守御器品和烽火品约。守御器品是关于配置防御器具品种、数量的规定，今见如“郡、都尉、候障、亭燧守御器品”。烽火品约是关于燔举烽火信号的具体规定，今见如“敦煌郡烽火品约”等。例行公文包含下行、平行、上行公文，今见如“十二月癸丑大煎都候丞罢军别治富昌燧，谓部士吏写移书到，实籍吏出入关人畜车兵器物如官书，会正月三日，须集移官各三通，毋忽如律令”，为下行公文。例行公文有特定的体式。常见簿籍有吏卒名籍、出入关致籍、兵簿、守御器簿、廪食簿、日迹簿等。官文书中还有文书处理过程中形成的封检题署、邮递记录等。这些文书有许多在当时无疑已转化为档案。

敦煌学的产生与发展

由于丝绸之路的衰落，莫高窟曾逐渐被人们淡忘。莫高窟的价值被人们重新认识，是因为藏经洞的开启。1900 年，莫高窟的道士王图箓发现了敦煌藏经洞，一时间，敦煌莫高窟震惊中外。洞中藏有公元 4 世纪到 11 世纪各个朝代的各种历史文书、文物近 6 万件，其中主要是一些写本。这些写本、文物中，有宗教经典，有铜佛、绢画、刺绣等佛教美术品，有天文、历史、文学、地理、历法、医学等资料。其中除了大量汉文外，还有不少古代藏文、梵文、回鹘文、龟兹文、于阗文等文字写本。这些重大发现不仅对中国文献的补遗、校勘有很大价值，而且为研究中国古代的政治、经济、军事、文化、民族以及对外交往等提供了极其宝贵的历史资料。近一个世纪以来，国内外学者潜心研究这些文物、资料，已经形成了一门专门学科——敦煌学。中华人民共和国成立前，这些重要文物、资料曾被英国斯坦因、法国伯希和等人多次盗窃，绝大部分珍贵文物、资料被偷运国外，现在国内残存的部分还不足当年藏经洞文物、资料的三分之一。通过广泛的文化交流，中国获得了散佚在国外的敦煌藏经洞文物、资料显微胶片副本 3 万多件。尤其敦煌研究院的成立，使中国的敦煌学研究处于绝对的世界领先水平。

莫高窟的修复与保护

敦煌莫高窟经过了千百年漫长岁月，由于受到了自然和人类活动的长期影响，石窟崖体及壁画和彩塑遭到了不同程度的破坏。特别是明朝后期封闭嘉峪关后，敦煌便成为边荒之地，千年佛教圣地莫高窟被人遗忘，长达 500 年之久无人问津，任凭自然坍塌、风沙侵蚀、河水入渗、偷盗破坏和烟熏火燎。截至 20 世纪 40 年代初，莫高窟已是一派荒凉破败、病害累累的景象。

敦煌研究院（前身为敦煌艺术研究所）自 1943 年成立开始，在常书鸿先生的带领下，开展了敦煌莫高窟的保护工作：修筑了 850 米的围墙，连接了部分无法达到的洞窟；清除了 300 多个洞窟的积沙，拆除了白俄在洞窟内搭建的土炕、土灶；对洞窟做了初步整理，少量洞窟还安装了门窗；设警卫股负责洞窟安全警卫。此外，进行洞窟编号，开始调查洞窟内容，撰写洞窟说明，带领游人参观讲解等。当时所做的各项工作，大体形成了现在的保护、研究、弘扬敦

常书鸿先生塑像

敦煌石窟文物保护研究陈列中心

煌文化的基础。

敦煌研究院建立之初，没有车辆，只能徒步进城，若有毛驴代步则是最豪华的交通工具；没有燃料，要自己到戈壁捡取柴薪；没有可口的饮水，饮用的是窟前大泉河中流淌的咸涩之水；没有通道，上高层洞窟，要系绳从崖顶悬挂而下才能进入；没有电灯，要靠照射在白纸上的阳光反射的一点光线才能在洞窟内工作；经费匮乏，无力购置保护设施。当时在莫高窟工作的十多位职工，面对着破败的石窟，战胜了恶劣环境和艰苦生活的挑战，成为敦煌莫高窟保护工作的开拓者。

进入 20 世纪 50 年代以后，国之重宝的莫高窟受到国家的特别关爱，被列为第一批全国重点文物保护单位，屡次组织专家全面综合考察，根据现状和存在的严重病害，制订计划，拨出专款，展开全面抢救性修复。

1950—1980 年间所做的保护性工作有：按原状恢复了五座行将倒塌的宋

代木构窟檐；扶正和加固修复了倾倒或骨架腐朽的彩塑；采用边缘抹泥粘接加固、铆钉和灌浆粘接加固，抢救了大量空鼓有脱落危险的壁画；1956年、1963到1966年，进行了两次危崖加固工程，特别是后期的大规模加固，使莫高窟南区长570米的崖体及358个洞窟得到了有效的保护，防止了岩体和洞窟的坍塌。

进入20世纪80年代后，实行了更有效的保护，在重视抢救修复的同时，也重视常规的保养维护；在重视保护莫高窟遗址的同时，也重视遗址环境的保护；在重视科学技术保护的同时，也重视通过实施管理措施的保护。制订了莫高窟科学保护的长远规划，培养了科学保护的技术人才。充实了保护的科学手段，扩大了国内外的合作保护，加强了保护管理机构，采取了多项保护管理措施。随着国家科学技术的不断进步，莫高窟的保护工作也步入了一个新的发展阶段——科学保护时期。

遥远的敦煌

“州南有莫高窟，去州二十五里，……古寺僧舍绝多，亦有洪钟。其谷南北两头有天王堂及神祠，壁画吐蕃赞普部从。其山西壁南北二里，并是镌凿高大沙窟，塑画佛像。每窟动计费税百万，前设楼阁数层，有大像堂殿，其像长一百六十尺。其小龛无数，悉有虚槛通连，巡礼游览之景。”

在这些描述中，值得注意的是除了我们今天尚能看到的莫高窟的洞窟之外，在这个河谷中还曾经有过大量的地面建筑，它们被用作僧房或者礼佛场所，里面有绘世俗内容的壁画。

莫高窟的闻名，不仅因为它是古代东方的佛教中心之一，更为重要的是，它的许多壁画，保存了古代中国历史的唯一实证。例如，在中国历史上，现存的唐代绘画很少，而莫高窟犹如一盏明灯，照亮了那个时代的艺术和建筑学，并且介绍了日常生活。

汉唐时代，敦煌是活跃的贸易中心，佛教寺院则是生机勃勃的文化生活与精神生活的中心。经济和文化相得益彰正是敦煌发展繁荣的源泉，也是莫高窟逐渐兴盛的历史必然。

在北魏时期早期的洞窟中，一些壁画中的风景仅仅是宗教画的装饰物。而到了唐代，风景就成了必不可少的内容，它渲染了气氛，使教条的宗教内容有

莫高窟第 431 窟壁画（初唐）

了生机勃勃的生命气象。

今天的莫高窟从南到北有 1.6 公里长，分布在鸣沙山东侧的陡壁上，这样的规模显然不是历史的全貌。据考证，在武则天当权时代，这里的洞窟与佛龛数目曾达一千以上。

尽管自然的腐蚀与人为的破坏使它失去了往日的壮观，但今天的莫高窟仍然保留下来众多的洞窟，总面积 45000 平方米的壁画，2000 多身色彩绚丽、大小不等的雕塑，仍然不失为一幅绵长的历史画卷。

最早的洞窟是魏窟，壁画的轮廓刚劲有力，但由于时间久远现在早已变得暗淡。这个时期的洞窟几乎全部在第三层洞窟中，这是所有洞窟的历史核心。唐代洞窟的遗存情况较好，里面有生动活泼、形式多样的壁画题材。与此相反，以黑、白、绿三色为主的宋代壁画，往往是前代壁画的修复品。从西夏初年以后，新开凿的洞窟只有 18 个，其原因一方面是因为没有地方了，另一方面则由于

莫高窟第 33 窟：《耕种与收获图》（盛唐）

佛教内部发生了变化：人们越来越乐于建造地面上的寺院，而不愿开凿石窟寺了。

莫高窟的大多数洞窟都是用于宗教崇拜目的的，因此做了相应的装饰。这些洞窟分布在五个不同的阶层上，原先都有走廊彼此相通，大部分都是独立的佛堂。有些洞窟占有特殊地位，里边有立佛塑像或者巨大的坐佛塑像，如第130窟中26米高的大佛，也就是我们之前提到的“南大像”。另一个开凿于唐代的第158窟也很特殊，里面有一尊面带慈祥微笑、神情安详的佛祖涅槃像。这个洞窟的内部造型给人以特别深刻的印象，因为它是将涅槃像作为洞窟的主体，前面没有遮挡而使卧佛赫然横陈在观者面前，而墙壁上装饰着极乐世界图和花卉图案。那些为佛陀逝世举哀者的悲痛心情，也被十分生动地描绘出来。

敦煌的洞窟大多数为四角形或矩形。早期洞窟的中央或靠后部分，有一个代表宇宙轴心的中心塔柱，塔柱前边有一平台，平台上有一坐佛或立佛像，佛像两侧对称地安排有菩萨，有一部分还有弟子塑像。

石窟寺的中心部位，是由菩萨和弟子、礼佛者和诸神围绕着的佛像，这个佛像及其周围人物代表了佛教的一种理想——“佛国”。因此，洞窟就使人看到了超脱尘世的佛的国度。而虔诚的人们走进这个洞窟时，他就是来到了这样一个地方：尘世间的脏物，包括感官上的欲望和生理上的冲动都没有存在的余地。

特别是在唐代，人们不知疲倦地运用越来越绚丽动人的色彩，描绘了这个遥远的国度。对此，“宗教思想家”能够意识到，这里涉及的并非某个遥远的地方，而是一种精神状态。在由汉文翻译成回鹘文的《腹与头的争论》中，这样写道：“如果想到达佛国，就必须纯洁自己的精神（使超脱激情），随之佛国也就纯洁了。”也就是说，精神上的纯净符合“佛国”的纯洁。

在敦煌艺术中，无论是站着、坐着或者躺着，佛陀的形象大多会被塑造为静止状态。在佛陀之后，居于第二等级的是菩萨，而艺术的艰巨任务就在于，要在一种紧张关系中来表现这些菩萨，使他们既要不顾自己的解脱而努力使众生获得解脱，又要致力于神圣的最高目标。敦煌艺术以杰出的手法糅合了这种双重任务。这些将来要得到佛的荣誉的候补者，以优美的造型躬身面向寻求解脱的人们。他们往往位于一个居中的佛像的两侧，或者作为佛陀的崇拜者聆听着佛陀说法。不过他们也可能单独出现，或者作为给他们享受的极乐世界的中心人物，这时他们本身又被一些菩萨所围绕。那些在级别上低于这些装饰华丽的菩萨的人物，被画得越来越活泼。这些人物中有天王、神仙、力士、伎乐天，最后还有凡人。

塑造得特别漂亮的人物，是迎面飞来的天神，即飞天女神。她们穿戴着飘逸的衣服和彩带，在天空中优美地飞行，是为了去参加佛陀生活中的某件大事。她们往往是从高高的天上飘落下来，其中有一部分人手执花环。在所有这些人

莫高窟第 321 窟：凭栏天女与飞天（初唐）

物中，只要是能够听得到人间疾苦的消息，就有了一种特殊的责任。因此被作为听众表现出来，虽然菩萨及其他神仙占据中间位置，但其在画面上距离佛陀较近。这样一来，特别是那些杰出的弟子和高僧，就能像菩萨一样，被安排在说法佛陀的两侧。

那些已被充分证实的唐代供养人像向人们表明，每个信佛者都能理解佛法。这些供养人像，往往画在洞窟的入口处，有不少是画在一个他所祈祷的神像下边。题记所表达出来的想法，促使这些施主虔诚地供养。这类题记往往注有日期，其中所说出的要求和愿望，与供养人委托他人抄写的佛经中的铭文是类似的。在这些铭文中，人们常常会提到观音菩萨，都希望观音菩萨能给他们带来平安和幸福。供养人也替他的家庭和国家做这样的祈祷。

由于敦煌艺术属于大乘教思想，并由此而把佛陀的说教作为普遍适用的学理，于是俗人就把自己归入那样一个宇宙整体，所有的宗教人物都属于那个宇宙整体，从最高级的菩萨和神仙，到最低级的人物。大家为能够听到佛陀的说法，而感到很幸福。从宇宙之大来说，佛陀周围有如此众多的人物，这是可以理解的，这是用色彩和造型构成的一种和谐。

由于我们在绘画上看到了宇宙中所发生的一切，因此也就有可能出现被我们归入世俗世界的一些人物：高阶层人物和富人，皇帝和国王，商人和旅行者，猎人和农夫，甚至还有强盗与土匪，清楚地反映出尘世生活的繁杂。中国佛教也对五光十色的人间生活的各种现象实行开放（包括促进音乐舞蹈），这一点生动地表现在范围广泛的绘画题材之中。而且这种开放与文献中提到的情况也是相符的，因为敦煌是一个重要的涉及广阔领域的国际学术中心。

举世闻名的敦煌藏经洞，收藏的主要是佛教著作，其中有最重要的大乘教佛经，多达几百份手抄本的印刷品；有我们已经提到过的摩尼教、道教和儒家的作品，也有历史与文学书籍。此外，还有占星学、地理学、医学以及其他科学著作，以及商业文件、证书和典当票据。

那些西出阳关的人，那些九死一生的人，在敦煌，他们觉得冥冥之中，有什么在护佑着他们，而宗教的到来，使一切都这样应验了。一座莫高窟，其实就是永远的精神期待。行走在大漠荒野上的人，在任何危急的时刻，他们都有一个明确的目标，这就是敦煌。

文化敦煌

20世纪初，瑞典探险家贝格曼在新疆孔雀河一条支流发现小河墓地，并把这里出土的几具人骨带回欧洲。经德国人类学家鉴定，楼兰人属于原始欧洲人种。换言之，欧洲人种（高加索人种）向东方最远分布到楼兰，蒙古人种（黄色人种）与欧洲人种的分界，就在楼兰与敦煌之间。这说明，在那个遥远的年代，人类的迁徙和迁徙过程中形成的种族圈，已经渗透到了敦煌。后来随着丝绸之路经济文化交流的日益频繁，敦煌的位置，已是迁徙者、旅行者、传道者、贩运者的向往之地。

牛津大学教授贡布里希在描述这样的情景时说：论地理，欧洲人跟中国遥相暌隔，然而艺术史家和文明史家知道，这地域的悬隔未尝阻碍东西方之间所建立的必不可少的相互接触，跟今天的常情相比，古人大概比我们更坚毅，更大胆。商人、工匠、民间歌手或木偶戏班在某天决定动身启程，就会加入商旅队伍，漫游丝绸之路，穿过草原和沙漠，骑马甚或步行走上数月，甚至数年之久，寻求着工作和盈利的机会……我相信到处流动的工匠也把一些绘画方法带到亚洲，我们在敦煌和其他地方发现了他们的作品。他们从希腊和罗马绘画中学会了一些表示光线和大气的方法，并把那些技巧纳入了自己的技术范围。……早在汉代，就有一些装饰艺术母题从欧洲传入中国，特别是葡萄叶纹及葡萄饰，还有莲花纹。这些花卉旋涡纹已被中国工匠改造后用在了银器和陶器上。

敦煌莫高窟北窟远眺

这让我想起了莫高窟。在敦煌，莫高窟一直以它灿烂夺目的光芒映照着周围的一切。古代的商旅、使者，在到达敦煌的那一刻，内心激动不已，就像回到了久别的故乡。故乡的情景，在这里有着一一对应的参照物。比如，那些整齐而生机勃发的庄稼，那些晶莹剔透如水晶玛瑙般的树木，还有那些经年流淌的河水、泉水，至于那些琳琅满目的水果，更是让他们醉心。敦煌作为一个地名，它早已是神赐的地方了。

在那个大规模开凿的时代，敦煌东南部的鸣沙山与三危山之间的狭小的谷壑间，斧凿声声，仔细听，那里面充满了虔诚的感恩和自信。九死一生的人，流血流汗的人，冥冥之中相信，绝对存在一种超乎自然之力的神，正是他把他们平安地送到了敦煌。而另外一些职业宗教家，四处奔走后，在敦煌，也找到了自己的灵魂之地。

按照佛教的方式，敦煌莫高窟逐渐汇集了众多的神像和壁画，他们共同阐释了人类的生死悲苦乐，轮回的观念，把人们从绝望的境地引向希望的境界。

近年来，敦煌研究院的专家对莫高窟的研究已进入了一个新的阶段，与人们所熟悉的莫高窟南区洞窟相对应的北区石窟，通过发掘，有了重大的发现。现在这些洞窟业已向游人开放。研究者认为，这些洞窟是当年僧侣们进行坐禅修行、生活起居的场所。仔细观察这些毫无修饰、四壁皆空、矮小黑暗的北区石窟，你会感觉得出当年僧侣们的生活与南区华丽洞窟中的佛事活动有着截然不同的景象，清静、寂寞成为石窟主人的生活基调。据说，当年敦煌的百姓出家为僧者人数众多。他们离开距离并不遥远的亲人，舍弃人间烟火，遁入空门，坐进小小的石窟，修行一世，苦度一生，或许只为在莫高窟找到一块属于自己的净土。

考古专家在莫高窟北区还发现了相当数量的古代僧人的遗骸。与此同时，在北区石窟中还出土了大量不同民族、不同文字的佛经及社会文书残片。当年在丝绸之路上流通的货币——波斯银币以及胡人形象的男俑，也出现在北区石窟中。最令人惊讶的是,在众多的文书残片中有一份叙利亚文《圣经》。这说明，在丝绸之路时代，敦煌莫高窟不仅是一个佛教中心，同时也是一个世界文化相互交融的场所。目前，在世界范围内再没有第二个佛教石窟寺遗址，在时间跨度上和信息承载量上能与莫高窟相比拟。

据说，创造了莫高窟壁画的古代画师大致分为三类：一种是僧官，顾名思义，他们是管理僧人的，有一定的社会地位，但为数不多；再就是画僧，他们是僧侣，也会作画，人数较前者略多；最后便是纯粹的画工了，他们游走四方，居无定所，在洞窟里作画，也在洞窟里起居。

看来，在莫高窟这个庞大的文物体系中，我们不仅可以梳理出文化的脉络，还能够触及那些平凡僧人的生活，这使我们看到了一个真实的敦煌，一个活生生的过去的敦煌。

永远的敦煌

在这漫长的历史过程中，敦煌根植了汉文化的脉络，也逐步吸纳了其他各民族的文化精髓，尤其是来自印度的佛教文化，从而形成了自己独特的文化视野，许多历史事件都可以证明这一点。

敦煌莫高窟第156窟，窟门南北两壁分别对立着张议潮和夫人的画像，窟内下半段墙壁上则绘有两幅长达七八米的长卷壁画，其中一幅是《张议潮统军出行图》，另一幅是《宋国夫人出行图》。壁画所表现的威武阵容和豪华场面，再现了一段波澜壮阔的历史史诗：张议潮收复河西，河西归唐。后人评价张议潮的功绩时说："河西沦落百余年，路阻萧关雁信稀。赖得将军开归路，一振雄名天下知。"

沙州（敦煌）自唐德宗"建中二年（781）陷于吐蕃"，随之河西各地完全沦陷，"遗民泪尽胡尘里"，近七十年的时间里，河西人民已不堪忍受吐蕃贵族的残酷统治，内心早已埋下了反抗的种子。

张议潮是沙州（敦煌）地区的一个汉族首领，他看到了吐蕃的衰落和人民反抗情绪的高涨，敏锐地觉察到起义的时机已经到来，就暗中联络当地的豪杰义士，充分发动群众，组织武装力量。唐宣宗大中二年（848）三月的一个清晨，张议潮率领义军冲到敦煌城下，高声呐喊，发动攻击，城中的百姓纷纷响应，吐蕃守将惊慌失措，带领随从狼狈逃跑。撵走吐蕃后，张议潮就接管了敦

莫高窟第 156 窟：《张议潮统军出行图》局部

煌的军政大权，紧接着，他补充武器，修筑城防设施，筹备军需物资，一面耕田，一面打仗，陆续攻克了瓜州（今安西）、伊州（今哈密）、西州（今吐鲁番）、甘州（今张掖）、肃州（今酒泉）、兰州、鄯州（今青海东部）、河州（今临夏）、岷州（今岷县）、廓州（今青海化隆）十州。在取得一系列胜利之后，张议潮派其兄张议潭等人到长安，向朝廷献沙、瓜等十一州地图和户籍。唐宣宗遂赐诏任张议潮为沙州防御使。后来，张议潮又亲率大军攻克凉州（今武威），肃清了吐蕃在河西的最后一个据点。

讲这个真实的历史故事，我想说的是张议潮的寻根。根在哪里？中原的传统文化，汉人的宗族意识。有人把张议潮的壮举归结为“中华一统”的大义，玄了。张议潮一敦煌世族，“中华一统”的概念在他的脑子里恐怕连影子也没有。但在外族占领敦煌的岁月里，他内心的压抑感是巨大的。外族那无拘无束的生活方式，那粗暴野蛮的性情，呼啸而来又呼啸而去的那种没有章法的章法，是他所不能接受的，深深鄙夷的。他不能忍受这种文化的浸染。就像一棵树上结不出两样果子，他的这棵树根正苗粗，与他们的野草，根本就是风马牛不相及。直到时机成熟，直到水火不相容，真正的背叛开始诉诸武力。

把沙、瓜等十一州地图和户籍献给中原，他的根才算吸收到了故乡的水分，扎到了故乡的泥土。

敦煌的佛教遗迹对于人类文明的历史贡献是不言而喻的。随便摘录，就可以列出许多的“世界之最”和“中国之最”。莫高窟是中国乃至世界上最大的石窟艺术宝库，被誉为“沙漠中的美术馆”“墙壁上的博物馆”，也是世界上保存历史最久、连续朝代最多、内容最丰富的“佛教艺术宝库”。莫高窟唐宋木结构建筑为世界上现存最古老的木结构建筑。莫高窟壁画中的“刷牙图”，是世界上最早的刷牙图史。莫高窟壁画中的二锭手摇纺车，是中国最早见诸图像资料的多锭纺车。莫高窟中珍藏的唐代曲谱，是中国现存最早的工尺体系古谱。阳关、玉门关为中国最著名的古代边塞关口。唐僖宗光启三年（887）发往沙州（古代敦煌）的手抄邸报，是世界上现存最古老的报纸。发现于敦煌莫高窟的唐代《乾符四年历书》是中国现存最早的雕版印本历书。《敦煌星图》为世界上现存最古老的星图，也是中国最早绘制于绢上的星图。敦煌遗书中发现的盛唐《诸宫调》、六言诗《儿郎伟》是中国最早的曲艺作品、《云谣集杂曲子》是中国最早的词集、《大宋宣和遗事》《庐山远公话》是中国现存最早的话本。敦煌遗书中发现的唐代古藏文和汉语、回鹘文和汉语的双语对照词典，是中国最早的双语词典。敦煌境内的汉长城约150公里，是保存最完整的汉长城之一。敦煌出土的刻于公元868年的《金刚经》是迄今为止发现的世界上最早的印刷品。敦煌汉长城周边的报警燃料——积薪，数量之多为国内之最。敦煌鸣沙山为世界公认的“大漠奇观”、月牙泉被人们称之为“世界奇观”。中国西部现存最早的军事仓储城——敦煌汉代河仓城。敦煌党河水库附近的自然睡佛长达2200米，是世界上最长的巨型自然睡佛。中国最早的汉纸、最完整的汉简均出土于敦煌悬泉置遗址。

这些可以述说的辉煌，就像一棵参天大树的年轮，其轨迹中有岁月的苦寒，

莫高窟第61窟：女供养人（五代）

也有生命的甘甜，更有成长的芬芳。可以想象，那个时代的敦煌，人们发挥了多么巨大的创造力，那个时代，也为他们提供了发挥创造力的舞台。在人们惊叹敦煌莫高窟洞窟之多，壁画之精美宏大，塑像之丰富多彩之余，总会提出这么一个问题：这些洞窟都是什么人建造的？他们为什么要建造这么多的洞窟？其实，只要你是个有心人，在洞窟内就可以找到答案，答案就是壁画上的供养人画像。供养人就是这些洞窟的主人，就是莫高窟的建造者。

敦煌的根基

供养人画像，是敦煌石窟艺术一项十分重要的内容。所谓供养人，即为出资发愿开凿洞窟的功德主、窟主、施主及与其有关的家族亲属或社会关系成员，当然并不表示他们是洞窟开凿的工匠等人物。供养人有敦煌历代大族、地方长官、僧界大德，也有一般下层平民百姓。他们是活跃在敦煌历史上的人物，因此这些画像具有极高的史料价值。供养人画像在敦煌石窟的大多数洞窟中都有，是研究洞窟营建时代及窟主等课题的第一手资料，也是敦煌服饰研究的宝贵实

莫高窟第 220 窟：持香炉、持铃供养人（初唐）

物资料。供养人画像从十六国、北朝至元，由小到大，到五代、宋时和真人大小一般，且是一个家族人物同处一窟，有家庙祠堂之性质。佛教传播很重视造像，认为信众面对佛、菩萨图像如见其真容，可以专心致志供奉。所以，佛经中专门有一部《造像功德经》宣扬造像的好处。当时的官绅富豪认为广造神像不但能使自己可以享受奢侈生活、良好机遇，且死后可以进入“西方极乐世界”。对于平民百姓，佛教也教他们只要能够“随其力分，而作佛像”，即可永离贫穷苦海，过上富裕的日子。因此无论穷富，人们都热衷于开窟造像、画像题名。佛教徒为了表示虔诚信教，时时供养，把自己的像画在佛像的下边或左右。壁画中的供养人时常手捧香炉或鲜花，恭敬列队或席地跪拜，榜书姓名、官职等。这种为出资开窟造像的施主所画的功德画就是供养人画。

莫高窟第 275 窟：供养人（北凉）

莫高窟第 428 窟：供养人（北周）

第三章

河西走廊之梦

佛教的通道，文明的走廊

河西及其西部的西域，在佛教东传过程中的作用显然不同于其他地方。它不仅是早期佛教的传入区域，也是中土高僧西取真经时身心接受考验的区域。

佛教为外来之学，其托命在翻译，自然之术也。自晚汉迄中唐，凡七百年间，赓续盛弘斯业。宋元以降，则补苴而已。河西在佛教东传过程中的重要性，首先体现在发达的译经活动上。在这里，大量的古中亚语言、梵语佛教经典被译为汉文经典，传向东方。早期佛经的翻译，随着时间的推移，既有翻译语言的变化，也有翻译地点的变化。关于语言的变化，正如季羡林所论，“初期的译经者差不多都是从中亚一带来华的高僧，后来也逐渐有了从印度直接来的。到印度去留学的中国和尚最初是没有的。最早译过来的佛经不是直接根据梵文或巴利文，而是经过中亚和新疆一带今天已经不存在的许多古代语言转译过来的，比如焉耆语（吐火罗语 A）和龟兹语（吐火罗语 B）等等都是”。从译经活动的空间变化来看，河西从东汉末年开始译经，到形成敦煌译经中心，再到姑臧译经中心，最后至北魏太延五年（439）河西译经活动被终结，被迫迁往平城，这一系列的空间变迁集中体现了河西佛经汉译中心的动态变化的全过程，而这一变化全过程，既彰显了佛法东播的历史必然，也展现了地缘政治环境变迁对佛教空间分布的左右。

历史上，河西走廊是中国佛教盛行较早的地区，佛教文化高度发达。汉代，佛教沿丝绸之路传入该地并逐渐发展。十六国时期，河西走廊一带政治稳定，人民安居乐业，统治阶级亦扶持佛教，佛教香火不断，该地成为当时的佛教中心之一。唐朝时期的河西走廊佛教尤为发达，唐末时期张议潮、甘州（今张掖）回鹘等政权的统治者大力提倡和扶持佛教。这为藏传佛教在河西走廊的传播奠定了坚实的基础。另外，吐蕃王朝曾长期统治此地，这里深受藏族文化的影响。吐蕃的许多高僧曾在河西走廊传法。直到吐蕃王朝灭亡后，吐蕃大译师管·法成依然在河西走廊的敦煌、张掖等地传教、译经。对后弘期藏传佛教复兴做出巨大贡献的喇钦·贡巴饶赛也曾到过河西走廊学法。史载，喇钦·贡巴饶赛“在受比丘戒以后，由北去甘州，从皋绒僧格扎巴学律藏和四部阿含及其注释”。

西夏王朝曾统治河西走廊长达200年，其对藏传佛教在河西走廊的传播与发展起到了重要的推动作用。西夏王朝推崇佛教，在其中后期时，藏传佛教盛行，“藏传佛教在西夏的发展大抵以河西走廊为重点，并逐渐向西夏腹地今宁夏一带延伸”。西夏与藏传佛教的关系非常紧密，“西夏在宗教信仰上保持着与其他藏族地区的一致性。西夏从王室到臣民都笃信藏传佛教，而且占统治地位的是藏传佛教”。

从地理上自成一体的区域，并没有封闭的腐朽与落后，相反，是一种极为开阔的胸怀，一种放达的气度，鉴别目光，如此的犀利。

这就是河西走廊。

祁连山以北，马鬃山、合黎山、龙首山以南，从乌鞘岭顶峰，到敦煌盆地，气候、植被、人情、风俗连成一片。马匹、骆驼车运载着大地的丰收，各族人民的舞蹈和歌唱，在低矮的屋檐下，持续上演，生活的安宁、富足和愉快，滋润着每一个人的心田。

很久以前，河西走廊就有着巨大的影响力。

众多的民族把这里作为一个历史的大舞台，展现过许多威武雄壮的民族活

高原草甸湿地

动的不朽场景，深刻的启示，触动了中国乃至世界的历史。

匈奴，这是一个令河西走廊难以忘记的整体形象。他们强壮的身体在广阔的大地上奔驰而来，如风而去。“天苍苍野茫茫”的情景中，他们一边畜牧，一边在牛羊的哞叫中得到启示，从而歌唱成为必然；狩猎是一种宏大的场面，是静与动的完美结合，而激情的自然流露，使得舞蹈是那样的浑然天成。他们认真地模仿着公牛的力量，而牛皮的线索，渗透了无限的想象力，浑圆的月亮，射出如许的欲望和嗜血的笑。

月亮是如此的美，月的阴晴圆缺，指导着这样一个“引弓之国”的眼睛，决定生死存亡的一瞬，月亮是那样的盲目。

对于河西走廊，他们同样有着宿命般的信赖。河西走廊给予他们的，他们全部作为圣洁的祭品，珍藏于心灵。

嫁妇的颜色，六畜的兴旺，河西走廊是根本之所在。

一个民族带着伤痛和留恋，远走他乡，三百年不息的雄健马蹄，不再踏响一方水土的豪情。因为巨大的精神丧失，一蹶不振的阴影，笼罩了前程。匈奴，从河西走廊辉煌的历史册页，滑落了。

河西走廊，毅然离开黄河。河之西，并不是坦途。蒙古高原的风沙，巴丹吉林沙漠的南侵，干旱，复杂的地形，对这块土地，倾注了过多的苦难。

使河西走廊赋予神奇色彩的是一座山——祁连山。沛然而降的雨雪，永久性的冰川，带动了生命的热情。

走廊是自足自在的风水，它提供着交流的机遇，从东至西，它的两端，像是传导不同风俗、不同文化的接点。中原深厚博大的汉文化，西域特色鲜明的少数民族文化，以各种各样的方式，滋养着这片土地，用这样的源流浇灌任何荒芜，都会结出丰硕的文明之果。

祁连山的意义，不仅在于自然而然地造就了河西“可牧可宅”的地位，而且它自己包容着精神创造的可能。譬如沿山而行的人，精力接近疲惫，岩石的褶皱，磨钝了希望的棱角，这时候，就有突然出现的溪水、草地、森林，解救人的困顿。这些东西在人的内心深处所留下的，绝不仅仅是物质的享受，它已经是前途上的光明和冥冥中的神示。因此，一座山的位置，摆在现实的地理中，也摆在灵魂的广阔世界里。布满了人们的敬仰和爱戴。

城市，文明线索上灿烂的珍珠。河西走廊著名的城市——武威、张掖、酒泉、敦煌，历经几千年的雨雪风霜，漂洗出一种逼人的威严，翻开史册，也有它光彩夺目的形象。它们，组成了河西走廊壮观无比的文化风景线。

春秋战国时代，匈奴的休屠王已经占据着武威，并在武威大兴土木，筑造了休屠城；现在的武威，古曰“盖臧”，因南有盖臧山，谷水流经其地而得名，后来讹传为“姑臧”，“姑臧”城也是匈奴所筑。这是历史记载中河西走廊最早的城市。

在古代文明中，在广泛的农耕与游牧生活中，城市是那样的引人注目。茶楼、酒肆、街道、店铺……城市荟萃文化的各种特征，如同一个巨大的辐射源，影响着人们的生存方式。

汉武帝凿空西域，开辟丝绸之路，设立河西四郡，把河西走廊真正推上了

沙漠驼铃

历史舞台。

公元 609 年，隋炀帝西巡，经青海至张掖，召集高昌、伊吾等二十七国使团，这样一个轰动世界的中西交易会，使张掖这座城市，成为“张中国之掖”的“重要部位”。

一个个历史事件和民间传说，就能串起这些城市的脉络。西汉骠骑将军霍去病大败匈奴之后，将汉武帝御赐的美酒倒入清泉，让全军将士畅饮，流淌至今的酒泉，被这浓浓的酒香渲染得声名赫赫。

至于敦煌，早已负载了永远的辉煌，是河西走廊在即将结束其地理意义的又一次生命的升华。

时间消逝了，那些行走的身影远去了，但深埋的根基还在。从纵横千里的祁连山出发，你所看见的那种沉默的形象，贯穿着无尽的思考，人类文化的天际线，高擎着纯洁的雪，观看我们。

瓜州东千佛洞：宁静的西夏

这是一幅壁画：一位盛装的美丽少女，悠闲地坐在水边石上，有时她的一只脚下垂，踏着水中的莲花，少女的身后有很大的圆光。暮色苍茫之中挂着一轮明月，少女俯视着碧波中的月亮倒影。在绿水的远处，是峰峦叠嶂，整个画面之中云烟缭绕，使人们仿佛身临缥缥缈缈的仙境一般。

这是瓜州东千佛洞著名的《水月观音》。

瓜州东南，穿越锁阳城所在的绿洲之后，就只是满目的戈壁了，一座破败

《水月观音》

但却顽强耸立的烽火台，凸立于洪荒的碛石地，此刻，沿着缓缓上升的坡度，长山子近在眼前。

此山无名。

从戈壁走向山谷，从山谷走向洞窟。光秃秃的山崖，目光扫过去，无限的荒凉，与眼前的美景形成鲜明的对照。

据历史记载，水月观音像最初是由盛唐著名画家周昉创作而成，参考了《华严经》等书中的描述："净渌水上，虚白光中，一睹其相，万缘皆空。"据说，信徒们不仅可以从中得到美的享受，还能自然悟出画中的哲理。

长山子是东西走向，峡谷南北横亘，这里地处偏远而鲜有人迹，戈壁和荒漠，隔绝了它与现世的联系。在峡谷的悬崖断壁上，分布着几座洞窟。这些洞窟统称为"东千佛洞"。东千佛洞，又名接引寺，因位于敦煌千佛洞和安西榆林窟以东而得名。洞窟开凿于长山子北麓的古河道两岸，现存23窟，其中，东崖9窟，西崖14窟。

这些壁画就出自东千佛洞，当岁月的风尘散去，它隐藏了一个王朝秘密。

那是一个喧嚣而血腥的时代。西夏人手持弯刀，铁骑在沙漠、绿洲间奔驰，战争的烽烟摧毁了人们宁静的生活；战争的侵轧，使宁静的河西大地民不聊生。

西夏帝国是公元11世纪到13世纪，在中国北方建立起来的以党项族为主体的少数民族政权。疆域最盛时，"东尽黄河，西界玉门，南接萧关，北控大漠"。辖境相当于今宁夏全境、甘肃青海大部、陕西北部和内蒙古西部及蒙古西南部等部分地区。

公元12世纪下半叶，西夏国发生了内乱，当时的皇帝李仁孝一度被迫迁居到了敦煌和瓜州一带，整日地祈祷佛祖保佑，大造功德。于是，西夏独立开凿的新洞窟，就在这个时期出现了。

东千佛洞始建于西夏时期，这与西夏时期在安西（古瓜州）设立瓜州西平监军司有密切的关系，这里一度成为统辖河西地区政治、军事和文化的中心，这也是东千佛洞的西夏佛教艺术远胜于敦煌莫高窟的重要原因。

东千佛洞坐落在荒僻的山野河谷之间，但这并不代表参拜者的稀少，相反，愈是旷远之地，它所蓄养的宁静，才能冲淡尘世的烦扰。从窟区内发现的修行窟和僧侣墓穴来看，从东千佛洞风行开窟之时，入山修行就已蔚然成风。东千佛洞远离村镇，从山谷抵达最近的绿洲也要二三十公里，善男信女们在这里打了四眼水井，现在水井的遗迹仍清晰可辨。在这样干旱的山谷，地表和地下全是坚硬的鹅卵石，要挖出一眼井来，多么不容易。这其中，渗透了修行者的功德。

从河西和全国的西夏壁画艺术综合情况来看，东千佛洞的佛教艺术代表了西夏佛教艺术的最高成就。为什么在如此偏远荒芜的山谷，会留下西夏王朝的心灵史呢?

西夏为我们留下的文化遗产数目是相当惊人的，而佛教的石窟寺艺术就是

长山子峡谷

瓜州东千佛洞中的壁画

其中灿烂的一页。河西走廊地区自古以来就有开凿石窟的传统，到了西夏，由于缺乏能工巧匠，因此，西夏时期的石窟在相当程度上是对北宋原有艺术的学习模仿，并且对过去的石窟寺加以保护、装饰和利用。到了中期以后，才逐渐孕成了具有党项民族风格的壁画艺术。穿着党项民族装的世俗供养人也手拿着鲜花，堂而皇之地被画到了庄严佛殿的壁墙之上。

想当年，西夏的铁骑横扫河西，这寂寞的山野，肯定是忽略不计的，偏远而荒芜，注定了它的寂寞与萧条。只有那些苦苦追寻真理的信徒们，他们的信念找到了归宿，内心的宁静与这里的环境合二为一，一阵抑制不住的惊喜更加坚定了他们的意志，风霜雨雪，夏天的酷热、冬天的寒冷，都没有击退他们，叮叮当当的开凿之声响彻整个山谷，如同他们的誓言，在陡峭的山崖，留下了辉煌的篇章。他们中间，可能有国内一流的画师，有流浪的苦力，有虔诚的皈依者，开凿洞窟的花费，除了修行人的无私奉献，西夏的贵族和豪门是第一出资人，亦不排除政府的投资。

观音曼陀罗、文殊变、普贤变、净土变、药师净土曼陀罗、水月观音、供养菩萨、八臂观音、十一面观音、绿度母、金刚、力士、接引佛、舞伎……壁画虽已斑驳，但那些佛界人物却栩栩如生。东千佛洞壁画的宗教内容，汉藏结合，显密双修。从绘画题材上看，有宗教故事画、尊像画、经变画、各种曼陀罗、供养人、伎乐、装饰图案等。从内容上看，主要表现释迦牟尼的成道和寂灭。尤其是几幅涅槃变，惟妙惟肖，万千情状，跃然纸上：诸天人众闻知释迦将涅槃，纷纷前来供养，释迦寂灭，神态安详；诸天弟子举哀，悲痛欲绝，神态各异，生动感人，或泪流满面，或抱头痛哭，或咬断舌头，或抓破脸面，或昏厥不醒，或悲痛欲绝……

实际上，这条山谷最浪漫的色彩，已经定格在黑暗的洞窟里了，无论是那些艳丽的壁画，还是那夸张的雕塑，都尘封已久，没有了往日顶礼膜拜的盛况。

斯人已逝，石窟长存，壁画和雕塑，倾注了党项人无限的情思与理想，让人感到无处不在的思想的力量。

西夏的画师们甘愿在这邈远的山谷忍受寂寞，并把心中对理想世界的理解描绘于阴暗的洞窟，他们的内心是愉悦的、光明的。就像远在大洋彼岸的平山郁夫，他一次次路经瓜州，朝拜敦煌，就是为了那一份心灵的慰藉。

当他在瓜州东千佛洞遇到张玉林老人时，他似乎真正地找到了传说中那些把生命付诸信仰的人。那是 2007 年的深秋，平山郁夫已年届八旬，他不顾旅途劳累，在休息时为张玉林画了一幅素描。平山先生认为看管石窟是一种神圣的责任，只有无私奉献、甘于寂寞的人才能担当此任。平山先生曾为常书鸿、段文杰等名人画像，为张玉林这样的普通百姓画像还是第一次。

在东千佛洞的几天里，张玉林老人想回一趟家，寒冷的冬天即将到来，他要准备腌制过冬的咸菜和酸菜，这几天，他和老伴已经把两口大缸洗得一尘不染，这就要去乡下带一些白菜、萝卜和韭菜上来，这是一年中，张玉林老人必须要做的事情。

张玉林是瓜州县锁阳城镇堡子村的一位普通农民，年近古稀，自 2003 年以来，他和老伴到离县城 90 余公里的东千佛洞看管这里的 23 个洞窟，东千佛洞远离人居，生活条件极为艰苦，是常人难以忍受的。我们去的那几天，张玉林老人讲得最多的是东千佛洞的保护，他希望更多的文化人参与到保护东千佛洞的行列中来。

就是这样一个农民，使我们对这条山谷又有了新的认识：这是一条住满了佛界众神的山谷，这是一条充满浪漫理想的山谷，这又是一条实实在在、人生苦短的山谷。当我们行将离开之时，忍不住回头再回头，看看那个在谷口送别我们的张玉林夫妇，那个时刻，我们突然感到，东千佛洞和东千佛洞所在的那条山谷，已经成为我们未来生活中最珍贵的记忆。

无名佛窟：山丹大佛寺

我曾在山丹大佛寺前久久仰望，前水后山，宁静致远，想象中那些香客虔诚的身影渐远渐近，他们或许是风尘仆仆的商旅，或者是威风凛凛的使者，几分从容，几分匆忙，又有几分抑制不住的焦虑和喜悦……

去过几次山丹，都与大佛寺擦肩而过，高耸的楼台，气宇轩昂的“天下第一佛”，在山丹人自豪的讲述中，成为我久未了却的心愿。寺庙总是占据着人间最好的风水，蕴藏着古老文化的踪迹和菩提境界的韵致。在我终于游览了山丹大佛寺之后，这种印象更加强烈。

山丹县城西的嘹高山，山势平缓，登山四望，山水一脉。祁店水库碧波荡漾，绿洲平原，林田相连。在北魏时期，就有修炼老道的慧眼，选择了这块宝地。于是山丹大佛寺这座河西名刹拔地而起。

据今，它的年龄已经是一千五百多岁了。

现在的大佛寺已是几经焚毁，几经重建。最后一次重建，是从1992年开始，历时六载，才恢复了历史的原貌。跟随游人的脚步，踏进这散发着香火气息的寺院，雄宏的气势，震撼人心。佛寺依山而建，高39米，雕梁画栋，木质结构，歇山挑檐，共七层。寺内所塑释迦牟尼大佛坐像通高35米，为全国乃至海内外坐佛之最，号称“天下第一佛”。大佛寺内还建有地藏殿、斋堂、僧舍等120余间错落有致的古建筑，显示出了山丹古文化的神韵。

山丹大佛寺大雄宝殿

干涸的石窟：旱峡石窟

今天的人们能走到旱峡，应该说是真正的旅行者。荒芜中的旱峡石窟，不知道已经沉寂了多少年，但在遥远的过去，它可能是另外一番景象。

距瓜州县踏实乡 14 公里的旱峡山口，有一处石窟，叫旱峡石窟。当我们从茫茫的戈壁，来到一处天上无飞鸟、地上不长草的峡谷时，当地的朋友告诉我们："旱峡石窟到了。"

旱峡石窟中的壁画

在我们的印象中，一般石窟寺的所在地，都是景色优美且洞窟密布的风水宝地。旱峡却是个例外。

这里除了一条简易的山路能够显示人类的遗迹外，就再也没有生命的痕迹了。放眼望去，山崖陡峭，光秃秃一片，不仔细看，看不出石窟的位置。原来，旱峡石窟只有两个洞窟，且都在高峻的山腰，距离地面近 80 米。更要命的是这凌空的石窟没有进洞的通

旱峡石窟

旱峡石窟

道，只在洞下60多米的地方有脚窝可以攀登进洞，要想一睹它的真容，该是一件多么危险而刺激的事情。

据专家考证，旱峡石窟开凿于魏晋时期，从脱落的壁画断定，隋唐、西夏各代曾经屡有重修。石窟内的壁画、塑像多处遭到损坏。旱峡石窟虽然只有两个洞窟，但窟内题记却十分丰富，有26条之多，汉文、西夏文、蒙古文、藏文、维吾尔文等不一而足，为研究工作提供了宝贵的资料。其中汉文题记有3条，属清代。南窟西壁合缝处有一段行书刻写着“乾隆五十七年五月十五日立安西州”。北壁左边有行书刻写“嘉庆十三年”。从题记上看，清代这里仍有宗教佛事活动。

偏僻而寂寞的旱峡石窟，从它诞生的那一刻起，不知道有多少善男信女在这里穿梭往来。也许那时候，这里曾是一块水草丰茂的土地，养育着生命，也养育了信仰。仰望高悬、孤单的洞窟，旱峡的神秘，在我们心中留下了抹不去的记忆。

河谷之上的石窟：五个庙

一条奔腾不息的波浪在时间之上翻滚，看见它总是令人怀有深深的敬意。五个庙，见证了党金果勒河的风采，也持续着敦煌的风采。

与河西众多的石窟相比，五个庙在最偏僻的一隅，暗藏着它的锋芒。

党金果勒河不息的波涛，洗净岁月的尘埃，五个庙的光辉悄悄浮出。就是这条河，孕育了敦煌不朽的文明。敦煌莫高窟、西千佛洞都在它并不宽广的流域，成为人类文化的光源。

然而，就在敦煌如日中天的时候，五个庙石窟却是寂寞的。大多数人并不知道，西出阳关的道路上，还有一个五个庙。“天苍苍野茫茫”的游牧区，水草丰美的宁静世界里，党金果勒冲积谷地的崖壁上，那像眼睛一样明亮的 19 个洞窟，大约从北魏开始，就有了开凿的历史。漫长的时光，只有党金果勒闪闪的水波，伴随了它信仰的积累。

现在，这里已经是浓阴蔽日，苹果园的芳香阵阵袭来，确实是一个神灵居住的地方。

抬头观崖，目测的高度大约有 30 米，那些洞窟就悬于半崖之上。细细数来，正是 19 个，占据整个崖面约 300 多米长的空间。美中不足的是这些洞窟中，只有中间的五个能够登临参观，因此就有了“五个庙”的称谓。

那么，只能看它们了。

五个庙石窟

可能是名微车马稀的缘故，香火是早已断绝了。像是废弃的古刹，隐隐透露出逼人的威严。崖面的崩塌，阁道的残缺，顺着木板搭垫的空中栈道，那些佛、金刚、力士和供养人像才显现真容。

一些洞窟里烟熏火燎的痕迹十分严重，看来，此佛门净地，已经充当过牧羊人的居所，佛像的破坏也是目不忍睹的。现存的壁画，大多绘有说法图，也有耕种和收获的场面，五代至北宋期间敦煌曹氏政权的情况也有所反映。壁画中还出现了西夏文和回纥文。专家认为，五个庙石窟壁画的特点，在其他的石窟中十分鲜见，具有独特的价值。五个庙，终于在蒙尘的静虚中，盼来了欣赏的目光。

榆阴下的石窟：榆林窟

一片榆树之下，流水潺潺；一片榆树之下，隐藏着千古不化的幽静。榆林窟，记录了唐僧取经的故事，记录了一个世纪乃至几个世纪丝绸之路上虔诚者的心迹，生活在河西，被巨大的文化背景照耀着，心头不得不发热，发热的结果，使我一次次游走，在一个个古迹中，像一尾焦渴的鱼，痛恨自身的贫乏。

身临其境的时光，至今不能抹去。对于榆林窟，算来已是三次造访，可以

榆林窟

榆林窟

有一些谈资了。深山藏寺，远离尘嚣的榆林窟，如果不是旅游的开发，恐怕只有少数研究者和钟情者光顾了。

榆林窟距离瓜州县城 70 公里，除了一截短小的柏油路外，全是土飞沙扬的道路，也许正是这些艰难的考验，才使这里光耀史册。

榆林河谷的流水和绿荫，像是专门迎接朝圣者的侍从，亲切、幽静，真想在这里垒起草房，打坐静修。再看两崖之上零落的洞窟，开凿者的艰辛，已经直入人心，不由得生出几分敬意。

被学术界誉为珍品的第二十五窟，门票达几百元，显然是拒绝普通人的进入。在这里，楼台亭阁平列环抱，宝树罗网青翠幔笼，菩提树下，法声朗朗，白鹤起舞，飞天散花……一派极乐之景。

经过科学的整修与保护，榆林窟让世人目睹了其历史与艺术的珍迹，只有面对它，才会有顿悟的惊喜。

一处遗迹，走近它不会忘记它，远离它又似乎是一种割舍，榆林窟给我留下了这样的印痕。每每乐临，我总是细致地沿着河谷，走进毛柳、红柳、胡杨树的深处，从另一个方向眺望它，端详它、思考它。手中的各种资料虽然有它翔实的记载，但我总不满足那些刻板的语句，那些色彩，那些壁画，那些雕塑，从一个通廊走入另一个洞窟，时间像是退回了远古，人们虔诚的面目如此相似。

河流之上的石窟

疏勒河，这条河西走廊第二大河，曾经缔造了灿烂辉煌的敦煌文明。在疏勒河的上游，有一座昌马石窟。

昌马石窟坐落在玉门市昌马乡水峡村西南的石崖上。祁连横亘于南，大坂屏障于北，中间的河谷地带树木葱茏、田野葱翠，整个石窟开凿在群山环抱的崖壁上，洞窟距地面高约二十多米，高不可攀，险峻而神秘。洞窟分为三部分：南段四窟，中段四窟，北段三窟。唯中段二、四窟，壁画保存较完整。现通往洞窟的阶梯已被封闭，所有洞窟不对外开放。

根据有关资料记载，其石窟开凿时间在五代以前。从昌马石窟的壁画分析，基本上为五代、宋初所作，其中第二窟平面为方形，作中心柱，前后二室。前室横方形，券形，其中心柱相接处开二拱门。中心柱两层，上层每面开两龛，下层每面开圆拱龛。前窟四壁上方画垂幕式条幅。窟顶画菱形牡丹，整齐划一，极富装饰效果。尤为引人注目的是前壁门顶正中，画一菩萨，坐于莲花座上，服装奇异，饰物繁杂。窟门两侧，南画文殊，北画普贤，分别乘坐于青狮、白象之上，顶部的幡盖甚是威严。后有数个飞天仙女，簇拥着菩萨青狮白象，呈缓缓行进状态。

相传很久以前，昌马是一处渺无人迹的世外桃源。疏勒河从这里流过，山环水抱，牧草繁茂，鸟语花香，是一个天然牧场。有两个四处云游的僧人来到

昌马石窟

这里后，被这里的迷人风光所吸引，他们认为这里是最好的修道供佛之地，于是立下宏愿，在这里开凿洞窟，绘制壁画。由于他们孤立无援，劳累过度，开凿了一个洞窟，画完窟内最后一笔画后，其中的一个僧人就去世了。另一个僧人又开凿起第二窟、第三窟、第四窟……他连开了十一个龛窟，待全部画就时，他已是九十九岁的老人了。但他还不肯罢休，又开凿起第十二窟来。谁知工程刚刚开始，忽然黑云密布，电闪雷鸣，大雨倾盆。可怜老画师年迈体弱，脚下不稳，一失手，从高崖上滚落下来。因此，现在的昌马石窟只有十一个窟龛，而第十二窟只隐隐有些痕迹。后来唐朝薛丁山和樊梨花西征来到此地，在这里养马。为了繁衍战马，就把这块地方取名为“昌马”。

石窟张掖

由于敦煌石窟的盛名，无形之中遮蔽了张掖境内石窟的光芒。我们第一次游览张掖马蹄寺石窟,并不是因为马蹄寺,而是因为马蹄寺周边的风景。说起来，真有点惭愧。

记得我们的车辆穿越广阔的张掖绿洲之后，就进入了祁连山的一个沟口，在那个沟口中，一面山崖上布满了蜂巢般的洞窟，不知谁说了一句：那就是马蹄寺。

我们没有急于去石窟中观看，先是在开满马莲花的原野上找了一处蒙古包，在那里安营扎寨。大家各自洗去一路上的风尘，仔细分辨所处的环境，近处：泉水、溪流、马莲滩……远处：高耸的雪山、绿色的山谷、茂密的松林……在酷热的夏季，花香阵阵，凉风习习，我们不由得高声欢呼。

帐篷的主人很快就为我们准备好了午餐，是当地流行的“手抓羊肉”、各色凉菜，还有一大坛子青稞酒。裕固族姑娘穿着鲜艳的民族服装，手捧哈达和美酒，在悠扬动听的裕固族民歌声中，献哈达、敬酒，一番热情的礼仪之后，我已经有点晕晕乎乎的了，没吃几口饭，就一头倒下睡着了。

第二天清晨，几声清脆的鸟叫吵醒了我，我睁开眼睛，发现帐篷里只剩下我一个人了。走出帐篷，大伙已经开始活动了。有的在赛马场骑马，有的则三五成群地走进山谷，去看森林，去看山谷中的瀑布。

我胡乱吃了一点饼干，喝了几口已经放凉的奶茶，也出去了。

在马蹄寺景区的摊点上，买了几本介绍马蹄寺的书，知道了这条山谷叫“临松薤谷”，“薤”者，多年生草本植物，叶细长，开紫色小花，鳞茎和嫩叶可以吃。的确，山谷中多有开着紫色小花的植物，但是不是“薤”这种多年生草本植物，就不好说了。整个山谷中，帐篷点点，有固定的，涂了花花绿绿的颜色；也有简易的，是可以移动的蒙古包。顺着一条溪流，我看见了一个牧羊人。他是一位上了年纪的裕固族老大爷，我与他谈起了这条山谷和马蹄寺。说起这条山谷，老大爷明显有些激动，他说这是一块宝地，雨水好，草长得旺，是格萨尔王和佛爷保佑的。关于格萨尔王的故事，在这里流传甚广。告别了裕固族老大爷，我独自坐在一面草坡上，认真浏览马蹄寺的基本情况。

马蹄寺石窟群位于肃南裕固族自治县的马蹄山中，马蹄山古称临松山，又名丹岭山、青松山。马蹄寺石窟群创建于东晋十六国时期，是河西走廊规模较

马蹄寺石窟

大、内容丰富、创建年代早和延续时间长的重要石窟。因第九窟内有一马蹄印，相传为神马踩踏，故名马蹄寺。窟内保存有北凉、北魏、西魏、隋、唐、西夏、元、明各个朝代的造像与壁画。

马蹄寺石窟群包括马蹄北寺、南寺、千佛洞、上观音洞、中观音洞、下观音洞、金塔寺 7 个部分，共存 70 余窟龛。各窟群都开凿在马蹄山景色宜人的山谷间或近水的红砂岩崖壁上，相互间的距离近的 2 公里，远的 7 公里。每个窟群有 2 至 20 余窟不等，洞窟排列有横向也有竖向，高达 7 层。窟龛分布乱中有致，远处观望，十分壮观。

马蹄寺原是一座很大的寺院，据《甘肃府志》记载，明代有藏族僧人五六百人。这里不仅存留着珍贵的历史文化遗迹，而且自然风光甚是独特。人们可以骑马进入山林，观赏瀑布，采撷蘑菇；也可以坐在帐篷前、草坡上，观看裕固族人民优美的舞蹈和奇异的风俗。在这里，有许多巨大的石块，中间有一条细细的石缝，当地牧民说，那是格萨尔王用神剑劈开的。

格萨尔王是古代藏族人民的英雄，他降魔驱害造福藏族人民的光辉业绩，早在 10 至 11 世纪，就在民间广泛流传。在马蹄寺，牧民们会为你讲述格萨尔王的故事：很久很久以前，岭国有一个叫觉如的穷孩子，这个孩子在奇异境界里诞生并长大成人。在岭国英雄云集、赛马争夺王位时，觉如力战群雄，得胜称王，尊号为格萨尔。藏语称甲吾格萨尔纳特或格萨尔阿种。格萨尔王一生，充满着与邪恶势力斗争的惊涛骇浪，为了铲除人间的祸患和弱肉强食的不合理现象，他受命降临凡界，镇伏了食人的妖魔，驱逐了掳掠百姓的侵略者，赢得了部落的自由和平与幸福。藏族人民有这样一首诗赞道：“举世英雄格萨尔，力战群魔定乾坤。雄狮大王格萨尔，英雄功绩传千秋。”

格萨尔王有自己众多的保护神，也有奇妙的随身宝物。他相貌超群，神通广大，可以变化形体，能够预卜先知，极为聪慧博识，无比英勇善战。在他的统率下，岭国人民经过曲折、困难的境遇，战胜了各种妖魔鬼怪，打败了众多强大的敌人。格萨尔王南征北战数十年，在马蹄寺也留下了足迹。传说阿育王、单于王和格萨尔王曾在马蹄寺相遇，斗法比武。今兰花坪剑劈石，就是当年格萨尔王用剑劈开之石。普光寺马王殿北面有一石窟，原放有一口棺木，棺内安葬格萨尔王属下高王。高王原来是单于王的一员大将，格萨尔王征服了单于王之后，高王成了格萨尔王的一员战将，战死之后，尸体悬棺葬于马蹄寺。目前，格萨尔王殿已经恢复，内塑格萨尔王、珠妞以及33员大将的塑像，成为马蹄寺的一处新的旅游景点。

在马蹄寺石窟群中，金塔寺是最有名的。金塔寺距马蹄寺较远，在大堵麻河西岸，分东西两窟，开凿在刺沟山谷土红色的砂岩崖壁上，距地表60多米，有一条200多级的台阶，直通洞窟。

东窟平面为纵长方形，覆斗形窟顶。窟内中部凿中心方柱，坛基以上四面分三层开龛造像。下层四面正中开一圆拱形大龛，内塑坐佛一尊，两侧各塑一胁侍菩萨或弟子，正龛与方棱间塑小型坐佛或天王数身，龛楣两侧各塑飞天三四身，相对作凌空飞舞之势。中层每面并排凿三个圆拱形浅龛，每龛内塑一佛，南、东、西三面龛外各塑一胁侍菩萨，中心柱背面三龛外塑千佛。上层除中心柱西面为元代补塑五佛外，其余每面均塑十佛、十菩萨。另外中心柱四面龛外各层空间壁面上，又满塑玲珑多姿的小佛和菩萨。窟内现存于四壁的绘画有两层，底层三壁正中均绘一佛二菩萨说法图，周围满绘布局整齐排列有序的千佛，上层现存壁画为元代重绘。

西窟比东窟规模略小。窟内中心柱也分三层造像，龛内塑佛、交脚弥勒、思惟菩萨；龛外塑以菩萨、千佛、弟子。窟内四壁现存三层壁画，下层正中绘一佛二菩萨说法图，周围绘千佛，中层与上层彩绘千佛，为西夏时期所作。窟顶端四面龛顶彩塑多尊飞天，部分着壁，其余部分悬空，作下飞状，形象极为

马蹄寺千佛洞外景

生动。国内其他石窟尚未发现这类艺术珍品。并在围绕中心方柱四面满绘排列整齐，作半跪式的供养菩萨数十身，为开窟时的原作。

还有值得一说的是千佛洞石窟，千佛洞石窟位于马蹄区东北 3 公里处的陡峭崖壁上，窟龛依山崖形势自然分为南、中、北三段。南、中二段以佛窟为主，东北段为浮雕塔林。现存洞窟 10 多个，编号窟 9 个，窟内造像壁画多已残毁。千佛洞有早期中心柱窟 4 个，其中 1 号窟为大像窟，中心柱正面龛内有石胎泥塑的立佛一身。龛边有壁画二层，底层背光壁画为火焰纹和禅定坐佛，龛内两侧各有一比丘。中心柱下部暴露出早期供养菩萨，并有榜题墨书“地神奉花供养”。外层为明代重妆。2 号窟前部已崩坍，窟内中心柱细长挺拔，每面分四层开龛造像。第一层四面各开一圆拱形大龛，龛内塑坐佛、龛外两侧各塑一胁侍菩萨，龛楣两侧悬塑飞天二身或四身。第二、三、四层每层各塑三佛，均结跏趺坐。中心柱南面接窟顶处有开窟所绘的十方佛像，并有墨书榜题。南、北、西三壁画有五层，外层为明代重绘的佛、菩萨、罗汉等。中心柱坛基右面绘有伎乐，有“贞观十八年四月十七日”的墨书题记。3号窟为三壁三龛窟。龛内残存壁画两层，为西魏时期绘。4号窟平面呈方形，中心柱窟，拱形窟门，塔柱正面开一龛，塑一佛二菩萨。中心柱及坛基上有壁画两层，发现“贞观十八年正月廿七日拜”的游人题记。从造像壁画风格判断，此窟为北周开凿。6号窟，平面呈长方形，窟内正中雕一立佛，南、北各雕一弟子一菩萨，为盛唐时期的作品。8号窟，平面呈方形，窟内中心柱四面分四层开龛造像，下层龛内塑佛，龛外塑二胁侍菩萨，上三层各塑五佛并坐像，现造像多已残毁。西、北两面经后代重修已改变原样，在西面下层龛内剥出底层北魏晚期壁画，内容为释迦多宝佛并坐说法图，左、右绘普贤、文殊菩萨，龛中上方绘交脚菩萨，其余壁面满绘千佛。中心柱正面龛内及窟西壁龛内有北魏绘制明代重妆的壁画。窟内东壁残留北凉时期绘的说法图，供养人及榜题“比丘法聪之像”“比丘法畅之像”。

马蹄寺千佛洞内景

马蹄寺千佛洞内景

马蹄北寺石窟即马蹄北寺又名普光寺，位于马蹄区北面山冈。《甘州府志》卷四载：“城南百余里，临松山下薙谷中，以石上有马迹，俗名马蹄寺。有石门二十、石洞七，具凿于大小佛像。永乐元年，土人倚山置禅堂，十四年敕赐普光寺。按即郭王禹隐处。石窟始于郭禹及其弟子，而后人扩之，加以佛像，至明始著，番僧至五六百人……”北寺有大小窟龛30多个，现编号窟9个，遗存有元、明时代的造像与壁画，尤以3号窟、7号窟规模宏大，在中国石窟营造史上占有重要的地位。

3号窟又名“三十三天”，共21龛窟，自下而上排列为七层，第一、二、三层平列各为五窟四层三窟，五层一窟，重重叠成一宝塔形。第五层南上方还有两窟，分别为六层和七层。这些龛窟平面呈方形，顶作人字披或覆斗顶，每窟正中均开一大龛，内有石胎泥塑佛像，结跏趺坐，四壁残留元、明时代的影塑千佛及壁画。

7 号窟又名藏佛殿。洞窟平面呈凸字形，窟前凿有三个窟门，门内为前堂，前堂后是一凹形拜殿，拜殿正面设坛基，坛基后部开三个圆拱龛，右壁残存大型元代壁画——菩萨立像。拜殿两侧及后部为甬道，甬道两侧开 46 龛，龛内各塑一结跏趺坐的元代坐佛。甬道左、右侧壁面遗存元代壁画——金刚力士之像。

马蹄南寺位于北寺南侧，又名胜果寺。原建有大经堂，红沙石岩壁上凿雕元、明时代的舍利塔。

上、中、下观音洞石窟位于肃南县大麻都乡西北 3 公里处。石窟分布在三个不同山谷的红沙石崖壁上，各窟群相距 0.5—2 公里。上观音洞现存窟龛 10 余个，有编号洞窟 9 个，窟内残存明代、清代密教壁画，内容为千佛、菩萨、罗汉、弟子、护法及曼荼罗、宗喀巴等佛像。中观音洞有窟龛 10 余个，有编号洞窟 8 个，都已残毁，岩崖有元、明时代凿雕的舍利塔龛。下观音洞有洞窟 5 个，只有一窟保存较好，该窟平面呈长方形，内有中心方柱。中心柱分两层开龛造像，现造像已毁，四壁及窟内壁面有明代重绘的佛、菩萨、伎乐、天王、护法、曼荼罗等。

历代咏颂马蹄寺的诗句举不胜举，如明代的朱惟均所写的《马蹄山》:“古刹层层出上方，云梯石磴步回长。金身现相连开座，玉梵清音月近来。茶沸烟腾禅出定，花飞泉落水流香。逢僧共说无生话，回首尘劳意自忙。”读来让人荡气回肠，即使没有去过那里，也有无限的神往。

文殊山为河西名山，其景色秀丽、人才汇集、古寺林立，从一个侧面反映了河西走廊的经济状况。

文殊山是河西著名的宗教圣山，山下雪水潺潺，林泉处处；山中修建了大量的佛、道、释建筑。一直以来，每逢节日，河西各地的人们常常进山拜佛，香火旺盛。在 20 世纪 60 年代，虽然多处古迹被人为破坏，但目前许多基本上

文殊山石窟：弥勒上生经变图

已恢复重建。不仅如此，文殊山东西两峰之间的峡道即文殊山口，还是祁连山后讨赖大坂的通道。《读史方舆纪要》上说："文殊山口在卫（明代的酒泉称肃州卫）西南三十里，为南疆门户之要筹，卫卒戍守，南疆无虑也！"

《河西志》上说："文殊山在酒泉城南三十公里，有前山后山之分，后山峰峦相连，林壑尤美。"旧志称："山上獐鹿放伏，树梢鸟雀喧呼，幽林雅趣，洵称美景。"观于此，其胜状概可想见。

山上楼台殿阁甚多，山头峰腰，举目皆是，据说有三百余座，唐人诗"山外青山楼外楼"正可借以形容此情景。

文殊山寺院的创建，据《肃州志》载，为唐贞观时所造，经过五代宋元，庙宇已破坏不堪，元太子发愿重修，并立碑以纪其事，碑现存于寺中。

说起文殊山，必定要说两个人，其中的一个就是宋纤。宋纤，字令艾，五凉时期敦煌效谷人，著名经济学家和教育学家。他性格孤高，操守亮节，不与世交，隐居酒泉南山，笃学不倦。年高八十手不离书。学识渊博，尤精通天文地理，教授弟子三千余人，成为一方贤才。注解《论语》，又撰诗颂数万言，名重河西。前凉王张祚，派遣使节张兴、太子太和以隆重的礼仪，请他出山做官，他以患病为由辞而不就，所赠礼品一概拒收，清高操节超过常人。敦煌太守杨宣，把他的像画在阁壁上，并作诗称颂:“为枕何石？为漱河流？身不可见，名不可求。”酒泉太守马岌特别盛仪往访。他身不下堂,辞而不见。马岌叹曰:“名可闻，而身不可见:德可仰，而形不可睹。吾而今而后，知先生之人中之龙也。”纤不食而卒,享年八十二岁,号“玄虚先生”。这个宋纤,被称之为“文殊山隐士”。在文殊山期间，他依崖凿壁，潜心向佛，每日藏身茅庐，苦研经史典籍、诸子百家之论述，达到了品学兼秀、知识渊博、道德高尚的境界。文殊山远近的文生学子纷纷前来求教，文殊山遂成为贤达荟萃之地。

另一个是北魏太子拓跋恪。相传北魏太子拓跋恪身患疥癣，求访了许多名医都无法医治，魏孝文帝在大臣的建议下，让太子到民间访医求药，并派50名兵勇前去护伺。拓跋恪西游至文殊山下，但见这里松柏蔽日、流水潺潺、花草飘香，地上羊兔奔走，林间百鸟鸣啭，就决定在山下住些时日。一天，太子来到山后的一眼泉边，由于天气炎热，就宽衣入泉洗浴。不想第二天疥癣全无。太子相信这是神灵的保佑,就出钱在泉边建了一座寺庙,这座寺庙,就是太子寺。那泉也叫药泉,泉址至今仍在。拓跋恪返回洛阳时留下了30名兵勇驻守文殊山,并让他们改穿青色的衣服，当地的老百姓为他们修了寺院，取名青衣寺。

据《重修肃州新志》记载,“山峡之内,凿山为洞,盖房为寺,内塑佛像……旧称有三百禅室，号曰小西天”。文殊寺创建于唐代贞观年间，到元代殿宇破烂不堪。元泰定三年（1326），元太子喃嗒失发愿重修，清同治年间毁于兵燹。现仅存前山百子楼（平面方形,二层楼,四角攒尖顶）、清凉寺（三层楼、歇山顶、面阔三间，进深一间）、玉皇楼（二层楼、歇山顶、面阔三间、进深一间）、青

文殊山石窟群 3 号窟中心柱东向面下层南端壁画：弟子

衣寺大殿等几处建筑，均为民国年间重建，现经修葺，已恢复宗教活动。

文殊山石窟分布于“前山”和“后山”的两个区域，多达百余孔。文殊山峰峦叠嶂，巍峨陡峭，宛如一条巨龙盘踞在祁连山麓。据传因文殊菩萨显灵于此，建文殊古寺而得名。文殊山石窟的创建，据元泰定三年（1326）《重修文殊寺碑》记载，石窟开凿于北魏时期，现存洞窟大都残毁，有早期中心柱窟 8 个，禅窟 1 个，比较完整的有前山的千佛洞、万佛洞，后山的古佛洞、千佛洞。文殊山东西两峰之间有一孔道，俗称文殊山沟口，是祁连山后讨赖大坂的通道。文殊山的建筑多在奇峰异峦之上，有“小西天”之称。

千佛洞与万佛洞位于文殊山北面山坡，两窟相距 200 米。千佛洞平面方形，窟内中心柱每面分两层开龛造像，内塑一佛二菩萨（已残），窟内西北壁面彩绘壁画，内容为千佛、佛说法图、立佛，下部绘供养人，三角垂帐纹。窟顶围绕中心柱四周彩绘乾达婆（飞天）、紧那罗（乐天），她们不长翅膀，不托云彩，挥舞长巾，手持乐器，自由自在地在蓝天鲜花中乐舞。壁画采用西域晕染法，画风粗犷，着色典雅，具有鲜明特色。万佛洞中心柱四面也分两层开龛，每龛内塑一佛二菩萨（已残）。四壁壁画为西夏重绘，内容为水月观音、万佛、经变图、本生故事画，四隅绘四天王，窟口上部绘布袋和尚，门内东侧上方为元代重绘的坛城图，下部绘西夏供养人，西壁壁画大部脱落，窟顶绘立佛，中心柱壁面绘罗汉及十方佛。这些壁画是在西夏壁画的底层发现的开窟时的原作壁画，在人物造型、构图布局、笔墨技法上都有很高的艺术成就。

古佛洞和千佛洞位于文殊后山山沟内。两窟平面均呈方形，内有中心塔柱。古佛洞为明弘治十年（1497）重修，窟内壁画为明代重绘，内容为涅槃变、净土变、佛、菩萨等，窟顶四周保存有早期壁画图案、飞天。千佛洞为清代宣统元年（1909）重修，残存壁画为清末所绘，内容为千佛。

禅窟及僧房窟位于文殊后山山沟，和古佛洞、千佛洞隔沟相对。禅窟和僧房窟是早期僧人坐禅进行佛事活动和生活的石窟。僧房窟平面呈长方形或方形，平顶或券顶，有些僧房残存有烟道、明窗、壁龛。禅窟呈长方形，拱券顶，正壁和左右壁下方开凿有仅供一人坐禅的窟

文殊山石窟群 3 号窟中心柱西南角全景

龛，正壁 2 龛、左右壁各 4 龛，拱券顶，深、高各 1 米左右，宽 0.8 米。僧房窟和禅窟对于研究文殊山石窟的创建和早期佛教活动具有重要的参考价值。

从现存的石窟壁画和有关记载来看，文殊山的庵、观、寺、庙最早约创建于南北朝时期，后经隋、唐、元、明、清各代的不断增修，才逐渐形成较为完整的古建筑群体系。南天门、玉皇阁、雷音寺、百子楼等修筑于高峻的山巅，如若仙境；红门寺、太子寺、鲁班楼、玄母洞、觉圆庵等雕梁画栋、技艺精湛。太子寺是文殊山最早的建筑之一。

在过去，每当农历四月初一至初八的一年一度的文殊山庙会，酒泉、金塔、高台、玉门等地的居民都要来这里游山逛庙，烧香拜佛，祈求神灵保佑。同时，戏剧杂耍、商贾贸易也云集于此，形成了盛大的物资交流市场和传统的民间歌舞集会。

20 世纪 80 年代初期开始，酒泉、嘉峪关、玉门、肃南一带的香客集资化缘，恢复性地修建文殊山上的一些建筑，如今，文殊山的香火仍是十分旺盛。

石窟的鼻祖——天梯山

我一直把河西走廊称之为“石窟的走廊”，而天梯山，不仅是河西石窟的典范，更是中国石窟的鼻祖。走进天梯山，山势倒影碧波之中，虚幻的景致如同佛国。也许，这正是一座石窟精神内涵的所在，充满着无限的恬静与神秘。

天梯山石窟也称凉州大佛窟，位于武威城南 50 公里处的中路乡灯山村，创建于东晋十六国时期的北凉，距今约有 1600 多年历史。天梯山山峰巍峨，

天梯山石窟陈列馆

天梯山石窟

陡峭峻拔，高入云霄，山有石阶，拾级而上，道路崎岖，形如悬梯，故称天梯山。山巅常年积雪，俗称“天梯积雪”，为凉州八景之一。石窟中大佛依山而坐，脚下碧波荡漾，薄云缠绕其身，构成了一幅山、水、佛、云浑然一体的壮观奇景，是武威颇负盛名的旅游胜地。

据明朝正统十三年（1448）《重修凉州广善寺铭》记载，明朝正统十年天梯山石窟尚存26处。现在天梯山石窟仅存3层，大小洞窟17处。最大的洞窟残高30米，宽19米，深6米。窟内有释迦牟尼造像1尊，高15米，宽10米，大佛左右两旁有文殊、普贤菩萨，广目、多闻天王和迦叶、阿难6尊造像，造型生动，神态威严，形象各异。窟内南北两壁上绘有大幅壁画。南壁为云纹青龙，中部为大象梅花鹿，大象背部驮有熠熠发光的经卷，下部是猛虎和树木花卉。北壁上部绘有青龙；中部绘有白马、墨虎、菩提树，马背上经卷闪闪发光；下部绘有牡丹花卉。整个壁画笔触清新，色泽艳丽，气势磅礴，形象逼真。

大佛巍然端坐，左手平放在膝盖，略出膝部；右臂前伸，手掌外撑，向对面的山推去，所指之处叫磨脐山。对此，民间有“张义川，水湖滩，大佛爷手指磨脐山”的歌谣和许多美丽传说。《〔乾隆〕武威县志》：“大佛寺，城东南一百里，有石佛像，高九丈，贯楼九层，又名广善寺。”这在《法苑珠林》等佛教经籍中都有记载。据有关史料记载，此石窟是北凉王沮渠蒙逊于公元 412 年至 439 年之间在天然洞穴的基础上创凿的。东晋义熙八年（412）十月，蒙逊由张掖迁都于姑臧，称河西王，设置官署，修缮宫殿，建起城门诸观。同时召集凉州高僧昙曜及能工巧匠劈山开路，伐木毁林，开凿天梯山石窟，大造佛像。不久其母车氏病逝，蒙逊特在窟中为母先雕凿 5 米高石像一尊，形似泣涕之状，表示忏悔。佛教兴盛是五凉时期凉州文化发展的一大特征。此窟的开凿，引起佛教界注目，使西域高僧接踵而至，他们在凉州讲经说法，翻译佛经，使天梯山石窟更具盛名。

天梯山石窟是中国早期石窟的代表，不但为佛教的传播培养了人才，而且为石窟的开凿造就了力量，形成中国佛教艺术史上有名的“凉州模式”，可谓“天下第一窟”。在开凿天梯山石窟的过程中，培养了一批开凿石窟的能工巧匠和雕塑家、彩绘家。昙曜等人在完成天梯山石窟之后，随着政治形势的变化和佛教中心的东移，东下平城（今山西大同），开始了新的开凿生活，成为云冈石窟、龙门石窟的重要技术力量，昙曜则成为北魏的佛教领袖。

翻开天梯山石窟这一页，河西走廊古代文明的辉煌，才刚刚开始。

第四章

逐鹿中原：佛教的大时代

北魏上空的风景

有人说，北魏上空的风景是高耸的佛。在穿行的人群中，那些僧侣虔诚的步履遍布乡间郊野，格外醒目。这些僧侣谨言慎行，每到一处，都受到人们的尊敬。每到一处，佛法的光辉就照到那里。民间的力量，就这样逐渐汇集为佛教的洪流，涌向大地的优雅僻静之处。

佛，从印度跨越千山万水，在西域的广阔绿洲和草原上孵化，在河西走廊扎根，嫁接了本土的文化和世俗的智慧，此刻，就像涓涓细流，向着一个方向，凝聚成汹涌的波涛，回头望去，佛教的跟随者，已是江海之势。

推波助澜者，北魏一朝是中坚力量。

北魏的建立者鲜卑族拓跋部落，就像挂在天边的云彩，他们最初只是活动于大兴安岭一带，常年游牧狩猎，走出草原，已非易事，眺望中原就更加遥远了。后来，他们迁徙到长城以北，才渐渐兴旺起来。公元 386 年，强大的拓跋部落，在建乐（今内蒙古和林格尔县西北）建国，以魏为国号。公元 386 年，什翼犍嫡孙、慕容垂外甥拓跋珪乘机召集旧部，在牛川（今内蒙古锡拉木林河、呼和浩特市东南）召开部落大会，并即代王位。同年四月，改称魏王，建元登国。公元 398 年，正式定国号为魏，史称北魏或后魏，迁都平城，改元天兴，即皇帝位，是为魏道武帝。后来，又经过三代人的不懈努力，北魏于太延五年（439）统一了北方。

北魏佛教的发展与凉州佛教的兴盛有密切关系。凉州地处西北，是汉地与西域的交通要道。十六国时，统治北凉的沮渠蒙逊是虔信的佛教徒。在他的支持之下，罽宾沙门昙无谶曾组织了影响较大的译场，翻译了多部大乘佛教经典。其中对中国佛教思想发展影响最大的有《涅槃经》，对中国佛教佛性论及顿悟说的产生起过重大作用。这些经或谈佛性，或论涅槃境界，或讲密咒效验，或为佛菩萨本生，大多带有很大的宗教实践性。这些思想曾一度流行于北部中国。北魏太武帝太延五年（439）平定凉州，北魏将凉州居民数万户迁往京师，其沙门佛事也随之东迁，于是"象教弥增"，北魏佛教很快地发展起来。而与北魏佛教兴盛有密切关系之沙门玄高、昙曜、师贤等人，都是由凉州迁来。

在历史的大背景中，北魏时，佛教蓬勃发展，开窟造像颇为盛行。初期，昙曜上奏文成帝，于和平元年（460），在桑干河的支流武周川旁的断崖上凿山石壁，开窟五所。之后，武州山开窟造像大规模地展开，进入了崇佛的高潮时期。

传播佛教，并不是一蹴而就。芸芸众生的思想基础是一个方面；另一方面，开凿石窟、修建寺院、养活僧尼，这些都需要花费大量的金钱，如果没有王朝的主导，这些庞大的工程就无法完成，佛教的传播力，就要大打折扣。

本来，北魏的统治者在迁都洛阳之前，就已经花了三十多年的时间，在云冈开凿了大批石窟，从宣武帝元恪统治时期开始，又在洛阳龙门山开凿石窟，建造佛龛。北魏孝文帝元宏死后，宣武帝元恪继位，北魏开始走向衰落。到了北魏孝明帝元诩即位，因为他年纪太小，由他母亲胡太后临朝。胡太后最信佛了，她在皇宫旁边建起一座气势恢宏的永宁寺。寺里供奉的佛像，大都是用金子塑的，也有用汉白玉雕的，最高的一尊，竟然有一丈八尺高。寺内又建造了一座九十丈高的九层宝塔。每到夜深人静的时候，塔上的风铃发出的声音，十里外都听得到。寺里有一千间僧舍，都用珠玉锦绣装饰，令人眼花缭乱。自佛教传入中国以后，像这样华丽的寺院，还从来没有过。由于皇室大力倡导佛教，

云冈石窟第 11 窟东壁第 3 层中部佛龛下方：供养人

王公大臣和当时的富豪们都争相礼佛。一时间，洛阳城内城外，到处都是佛寺的修建工地，飞扬的尘土和奔忙的民夫随处可见。

在当时，修建寺院是一种时尚，更是一种积累功德的有效方式。有一个例子，太傅、清河王元怿，是孝文帝的儿子，宣武帝的弟弟，他先是在永宁寺西边建了一座景乐尼寺，接着又在大城西建了一座融觉寺，后又将西明门外的住宅改为寺院，取名冲觉寺。

像这些皇亲国戚，有权有钱有势，划出来一块土地建寺院，丝毫不成问题。而大多数人，都是没能力征地的人，这些人也不甘落后，都纷纷把自己多余的宅院改造成寺院，这就叫作“舍宅为寺”，这都是佛教的力量。像这样“舍宅为寺”的寺院，基本上都是小规模的，有的有僧人，有的没有僧人，有的干脆就是自家人在里面诵经念佛，做起道场来。

对于这样的现象，中国古都学会副会长刘志清先生对北魏佛教进行过专门考究后认为，《洛阳伽蓝记》中记载的关于北魏佛事的描述远远不够，当时各色人等在洛阳大兴土木，建造寺院，信奉佛教，应该留下了许许多多的故事。这些故事中，不仅仅有信仰，有欢笑，有血泪，更有传奇。说是当时有一座开善寺，原是京兆（长安）人韦英的家。韦英死了，他的妻子梁氏“开放”得很，还没有为丈夫治丧，就忙着再婚了，可她还住着前夫韦英的房子。传说韦英的灵魂对此“很有意见”，夜夜来惊吓骚扰她。梁氏很害怕，就把这个宅院改作寺院了。传说洛阳城东有一个叫刘胡儿的，兄弟四人都是杀猪的。忽然有一天，他杀猪的时候，猪的号叫声传到街巷后，人们都听成了刘胡儿弟弟的求饶声。这可怪了！大家赶紧跑过来一看，明明是猪在嚎叫嘛！可走远了一听，又变成刘胡儿弟弟的叫声了！刘胡儿忽有所悟，当即舍宅为寺，成了佛教信徒。

那么，北魏为什么有如此盛行的佛教之风呢？人们又为什么笃信佛教呢？这与北魏历代皇帝笃信佛教有关。

北魏是北朝历时最长的一个朝代。先后 14 位皇帝，其中除北魏太武帝拓跋焘一度反对佛教外，其他诸帝都是信奉或支持佛教的。据史书记载，魏道武帝原为代国（在今山西北部）的国王,其时他与东晋王朝通好时,就接受了佛教。称帝之后，他喜读佛书，亦好黄老。唐法琳《辩正论》卷三说他于魏天兴元年（398）曾下诏说：“佛法之兴，其来尚矣。”他在平城建立佛寺，造十五级浮图（塔），还写《一切经》，铸造佛像千尊，每月召集三百名僧集会，共同探讨佛法要旨。魏明元帝拓跋嗣更是“悯念四生，敬重三宝”（《辩正论》卷三），在都城四方建立佛像，广度僧尼。他的嗣子拓跋焘继位之后，称魏太武帝，他原来也是信仰佛教的,但后来听信崔浩的谗言,改信道教,崇拜道士寇谦之。从此，他就开始反对佛教了。他命令五十岁以下的僧人还俗服兵役，不准私人奉养僧尼。魏太平真君七年（446）,魏太武帝出兵陕西平息盖吴的“叛乱”,在长安（今西安）一寺院中发现有武器和老百姓为躲避战乱存放的一些物品，太武帝即怀疑僧人与盖吴的“叛乱”有关。如是就下令要杀尽僧徒，废除寺院。幸好太子晃有意推迟发出，才挽救了佛教界的许多生命和财产。即便如此，但佛教遭受的摧残和损失还是可想而知的。据说后来魏太武帝有病，又有一位白禅师对他做思想工作,他对自己的反佛行为后悔。其后崔浩被杀。但是佛教遭受的摧残,已为既成事实。这次事件，中国佛教史上称为第一次“法难”。

统治集团与佛教兴衰之间的关系是互动的，不但可以由统治集团干预佛教的发展，亦可以由佛教思想或佛学影响到统治集团。更重要的是，佛教发展是应和了时代的需要而成为一种历史潮流，这种潮流并不是可以单单由统治集团的政策而阻挡，就像魏太武帝拓跋焘的灭佛活动一样，在帝王的能力也不能左右形势的时候，不知不觉间，统治集团也只得顺应潮流，推动佛教的发展。

另外，佛教本身也是不断地适应信众的心理，完善自己的传播体系。《五门禅经要用法》云："人之自信，无过于眼，当观好像，如见真佛无异。"也就是说，观释迦牟尼佛像要先从"入塔观像"开始。《观佛三昧海经》卷九《观像品》云："欲观像者，先入佛塔……烧香散花，供养佛像，说己罪过，礼佛忏悔。"所谓"观像"，就是先到佛像面前仔细观察佛的"三十二相""八十种好"，在头脑里留下深刻的印象，然后"闭目思维，系心在像，不令他念"，"是时便得心眼见佛，像相光明，如眼所见，无有异也"。按照佛教的说法，释迦牟尼之所以能够成佛，是因为他生前干了好事，积了功德，得了善报。据佛经讲，开窟造像就是最大的"善行"。如《佛说作佛形像经》《佛说造立形像福报经》中说："作佛形象报恒生大富家，尊贵无极珍。"佛教倡导人们，只要你能够根据自身的经济力量，造佛塑像，哪怕很小，像手指头那么大，也是功德无量的，这样做了，不但今生可以摆脱贫困，而且来世亦能升天成佛。

从前，有关"深入禅定"就可以看见十方诸佛来迎的说法渐渐失灵，因此佛教必须另寻新的说教。佛教说，避苦求乐，乃众生之恒情。于是佛教就有了许多佛国净土，像阿弥陀佛净土、弥勒佛净土、药师佛净土等。以阿弥陀佛为教主，以观世音、大势至为辅弼的西方极乐世界就诞生了，成为僧俗四众普遍神往的理想天国。

云冈：一个王朝的身影

有皇家林苑，有皇家围场，这不为奇。但皇家石窟却鲜见。而云冈石窟就是实实在在的皇家石窟，这在佛教的发展历史上是一个奇迹。

“云冈”之名源自山上高耸入云的山冈，而石窟起初是佛教信徒们坐禅修行的场所，窟内的佛像是修行时的观想物，而后来民间的造像则成为祈福、求愿的一种功德行为。

“凿石开山，因岩结构，真容巨壮，世法所稀。山堂水殿，烟寺相望，林渊锦镜，缀目新眺。”北魏的地理学家郦道元造访云冈石窟后如是说。

佛教传入中国后，由于接受从西域传过来的印度和犍陀罗等地造像风格的影响，佛像造型比较古朴雄伟而粗犷，衣纹厚重有力，神情崇高而庄严。而在佛教东传的过程中，云冈石窟是一个无法绕过的话题。

云冈石窟形象地记录了印度及中亚佛教艺术向中国佛教艺术发展的历史轨迹，反映出佛教造像在中国逐渐世俗化、民族化的过程。多种佛教艺术造像风格在云冈石窟实现了融会贯通，这样的融会贯通并不是简单意义上的排列组合，而是血肉一体。这种深层次的变革与融通，由此而形成的“云冈模式”成为中国佛教艺术发展的转折点。

云冈中期石窟出现的中国宫殿建筑式样雕刻，以及在此基础上发展出的中国式佛像龛，在后世的石窟寺建造中得到广泛应用。云冈晚期石窟的窟室布局

云冈石窟第 18 窟：菩萨弟子

和装饰，更加突出地展现了浓郁的中国式建筑、装饰风格。石窟建造之风，由古印度、西域、河西渐次东传，至平城而特盛。北魏以后，云冈石窟衰落了，梵音唱晚之声，再没有越过雁门山峦。

一种文化在一块土地上的繁衍生息，是这块土地与这种文化相互磨合、相互适应、相互促进的过程。分析这个过程，云冈石窟的出生地——大同，折射了云冈石窟的文化背景和历史渊源。

大同地处晋、冀、蒙交界，介于内外长城之间，自古属于边塞用武之地。大同，意取“世界大同”之义，因唐代大同军驻扎而得名。大同，古称平城，曾用代都、恒州、恒安、云内、定襄、云州、云中等名。最初的雁门郡平城县，大致在战国中期（前 3 世纪初年），即赵武灵王胡服骑射、征伐西北的过程中设立的。汉高祖七年（前 200 年），刘邦率大军北击匈奴，被困于平城县东之白登山（今名马铺山)，平城由此闻名天下。

西晋灭亡后，整个北中国陷入了匈奴、鲜卑、羯、氐、羌五胡争霸的混战之中，鲜卑拓跋部渐次崛起。公元386年，拓跋珪登国；398年，北魏王朝正式建立，定都平城；439年，拓跋焘统一北方；448年，征服西域(今新疆)；494年，拓跋宏迁都洛阳。平城建都九十七载，一直是北朝的政治、经济和文化中心，也是当时欧亚丝绸之路东端的国际型大都会。北魏以后，平城衰败，时而为北方游牧民族盘踞，时而由中原汉族军队驻守，直到唐朝中后期方始稳定。

云冈石窟坐落在大同城西16公里的武周山南麓，武州川(今名十里河)的北岸。石窟倚山开凿，东西绵延一公里。现存大小窟龛252个，主要洞窟45座，造像51000余尊，其余动植物、花纹图案不计其数。石窟规模宏大，雕刻艺术精湛，造像内容丰富，形象生动感人，堪称中国佛教艺术的巅峰之作，代表了5世纪世界美术雕刻的最高水平。

云冈石窟的造像气势宏伟，内容丰富多彩，堪称公元5世纪中国石刻艺术之冠，被誉为中国古代雕刻艺术的宝库。窟中菩萨、力士、飞天形象生动活泼，塔柱上的雕刻精致细腻。云冈石窟按照开凿的时间可分为早、中、晚三期，不同时期的石窟造像风格也各有特色。早期的“昙曜五窟”气势磅礴，具有浑厚、纯朴的西域情调。中期石窟则以精雕细琢，装饰华丽著称于世，显示出复杂多变、富丽堂皇的北魏时期艺术风格。晚期窟室规模虽小，但人物形象清瘦俊美，比例适中，是中国北方石窟艺术的榜样和“瘦骨清像”的源起。上承秦汉现实主义艺术的之风，下开隋唐浪漫主义色彩之先。例如，北魏云冈二十窟的大佛像，此窟为北魏时期昙曜禅师建议文成帝在云冈石窟开凿的五个石窟之一，这尊佛像高肉髻，磨光发纹，面相丰圆饱满，宽广平额中有白毫相，细长双眉，睁眼平视，直挺高鼻，双唇较薄，嘴角上扬，露出微笑。佛像蓄八字髭，大耳垂肩，粗颈肩宽，身躯颇为壮实，外穿偏袒右肩式袈裟，双手在腹前作禅定印，结跏趺坐于窟中央，庄严雄健之姿，令人肃然起敬，是中国早期最精彩、予人印象最深刻的佛像。

说起云冈石窟，必须提及一个人，他就是昙曜——云冈石窟的创始人。云冈石窟第 16 到 20 窟前，一块巨石立在宽阔的广场边，石上刻有北大教授宿白题写的“昙曜五窟”四个大字。这五个窟是云冈最早开凿的洞窟，主像高度都在 13 米以上，身躯高大、气势雄伟，分别象征着北魏的五个皇帝，因为是由昙曜和尚主持开凿的，所以也叫昙曜五窟。

昙曜是一位神秘的高僧，少年出家，人们对他的身世知之甚少，生卒年份都没有详细记载，只知道北魏太武帝灭凉前，昙曜就在北凉弘法，后由凉州（甘肃武威）被掠到平城（山西大同）。太武帝灭佛时，其他僧人都还回世俗，而他逃匿于民间，不改变信仰。太武帝的长子恭宗拓跋晃亲自劝说多次，他才不得已停止念经，但法服法器仍不离身，人们听到这件事情，都叹服和敬重他。信仰坚定的昙曜期待着佛光普照的那一天来临。不久，恭宗拓跋晃的长子，也就是太武帝的孙子文成帝继位，他推崇礼仪，恢复佛法。文成帝复法的第二年（453），昙曜就受命从中山（河北定县）到京城（大同），在路上正遇文成皇帝出行，皇帝所乘车驾的马匹上前衔住昙曜的衣服，当时的人们认为，这是马匹认识善人的缘故。皇帝因为这事把昙曜奉为师父。昙曜借机向皇帝建议：在京城西面的武周山，开凿山崖石壁，建造石窟五所，里面各镌刻一大佛像。也就是我们今天看到的“昙曜五窟”。昙曜不仅是石窟的主创者，还是寺院的管理者和佛法弘扬者。他上书建议：让民众每年向佛寺供奉一定数量的粮食，这些粮食在歉收之年还可拿出赈济百姓。还让犯有重罪的人和官奴作为寺院的洒扫人员，并耕田种地，交纳米粟。这些建议文成帝都同意了。昙曜还与印度来的僧人一起译出佛经 14 部，云冈成了当时继长安、洛阳之后又一大译经之地，有些佛经内容直接体现在云冈的一些洞窟雕刻中。

云冈石窟的中部洞窟就开凿于孝文帝与其祖母太皇太后冯氏共同执政的这一特殊历史时期。冯氏是太和元年（477）至十四年（490）孝文帝一系列改革的实际主持者，死时年仅 49 岁，生前，她是佛教的有力推动者。中部的十余个洞窟是云冈石窟开凿鼎盛时期的作品。外观与早期的昙曜五窟有较大区别。一窟一像的做法有所改变，出现了众多的、大规模的“二佛对坐”龛和两窟为一组的“双窟”，石窟形式体现出了当时二皇并立的政局。建筑出现了中国殿堂式的结构，服饰出现了中原“褒衣博带”式服装，装饰纹样出现了华丽多样的动植物纹样，这些都反映出那种多元的、开放的、善于变革的时代风潮。第 9 窟到第 13 窟俗称五华洞，这些洞窟里的人物造型富于变化，装饰图案特色鲜明，因开凿于北魏太和年间，其造像被称为太和风格。人们从这五个洞窟中可以看到外来文化怎样与中国文化相融合：装饰纹样里有中国的勾栏纹，也有波斯的忍冬纹；有中国的博山炉，也有印度的摩尼宝珠；有中国建筑的斗栱造型，也有古希腊特色的廊柱式建筑。天人手中的乐器有从中亚传入的箜篌、琵琶、筚篥，也有中国传统的乐器排箫、古琴、古筝、埙等。被誉为音乐窟的第 12 窟有数十位手持各种乐器的天人共聚一堂，同奏一曲。

第 5 窟和第 6 窟是工程浩大、雕饰华丽的典型洞窟。第 5 窟主像是云冈石窟第一大佛，坐佛高 17 米，盘腿宽 15 米，四壁 2300 余尊造像无一雷同。第 6 窟最为华丽壮观，15 米高的方形塔柱直接窟顶，塔的四面和周围四壁没有一块不曾雕刻的地方。下层还有保存完整的反映释迦牟尼从诞生到成佛的 30 多幅佛传故事浮雕。整个石窟既烘托出佛国世界的神圣与庄严，也反映出人们对美好生活的向往和追求。

徜徉于云冈中部窟，就如同进入了神秘梦幻般的佛国世界，那些壁画，那些雕塑，每一个画面，每一张面孔，都深深地刻印在记忆之中。

云冈灵严石窟寺，为中国早期佛教史迹壮观。因天然的形势，在绵亘峭立

云冈石窟第 11 窟南壁第 4 层东侧佛塔基座：供养人

的岩壁上，凿造龛像，建立寺宇，如《水经注·漯水条》所述："……凿石开山，因岩结构，真容巨壮，世法所希，山堂水殿，烟寺相望……"又如《续高僧传》中所描写的"……面别镌像，穷诸巧丽，龛别异状，骇动人神……"；这灵岩石窟更是后魏艺术之精华——中国美术史上一个极重要时期中难得的大宗实物遗证。

专家认为，由云冈诸窟的雕饰花纹的母题及刻法，佛像的衣褶容貌及姿势断定，中国艺术约莫由这时期起走入一个新的转变，是毫无问题的。以汉代遗刻中所表现的一切戆直古劲的人物车马花纹，与六朝以前的佛像饰纹和浮雕的草叶、璎珞、飞仙等相比较，则前后断然不同的倾向，一望而知。仅以刻法而论，前者简单冥顽，后者在质朴中，忽而柔和生动，更是相去悬殊。云冈雕刻既然上与汉刻迥异，下与龙门较又有很大差别，其在中国艺术史中固自成一特种时期。

云冈石窟所表现的建筑式样，大部为中国固有的方式，并未受外来多少影响，不但如此，且使外来物同化于中国，塔即其例。印度窣堵波方式，本大异于中国本来所有的建筑，及来到中国，当时仅在楼阁顶上，占一象征及装饰的部分，成为塔刹。

在结构原则上，云冈石刻中的中国建筑，确是明显表示其应用构架原则的。

构架上主要部分，如支柱、阑额、斗拱、椽、瓦、檐、脊等，一一均应用如后代；其形式且均为后代同样部分的初型无疑。所以可以证明，在结构根本原则及形式上，中国建筑两千年来保持其独立性，不曾被外来影响所动摇。所谓受印度希腊影响者，实仅限于装饰雕刻两方面。佛像的容貌衣褶，在云冈一区中，有三种最明显的派别。

第一种是带着浓重的中印度色彩的，比较呆板僵定，刻法呈示在模仿方面的努力。佳者虽勇毅有劲，但缺乏任何韵趣；弱者则颇多伧丑。引人兴趣者，单是其古远的年代，而不是美术的本身。

第二种佛容修长，衣褶质实而流畅。弱者质朴庄严；佳者含笑超尘，美有余韵，气魄纯厚，精神栩栩，感人以超人的定，超神的动；艺术之最高成绩，荟萃于一痕一纹之间，任何刀削雕琢，平畅流丽，全不带烟火气。这种创造，纯为汉族本其固有美感趣味，在宗教艺术方面的发展。其精神与汉刻密切关联，与中印度佛像，反疏隔不同旨趣。

还有一种，只是东部第三洞三巨像一例。这种佛像雕刻艺术，在精神方面乃大大退步，在技艺方面则加增谙熟繁巧，讲求柔和的曲线，圆滑的表面。这倾向是时代的，还是主刻者个人的，却难断定了。装饰花纹在云冈所见，中外杂陈，但是外来者，数量超过原有者甚多。观察后代中国所熟见的装饰花纹，则此种外来的影响势力范围极广。殷周秦汉金石上的花纹，始终不能与之抗衡。云冈石窟乃西域印度佛教艺术大规模侵入中国的实证。但观其结果，在建筑上并未动摇中国基本结构。在雕刻上只强烈地触动了中国雕刻艺术的新创造——其精神、气魄、格调，基本保持着中国固有的。而最后却在装饰花纹上，输给中国以大量的新题材、新变化、新刻法，散布流传直至今日，的确是个值得注意的现象。

云冈，一个王朝的背影，与佛教渐行渐近，成为一个王朝强大的精神支撑。

佛跃龙门：龙门与一个民族的自信相融相济

龙门石窟开凿于洛阳市南郊 13 公里伊河两岸崖壁上，最大的佛像卢舍那大佛高 17.14 米，最小的佛像仅有 2 厘米，这最大和最小，以一种极端的方式，展示着东方雕刻艺术的魅力。

这里东（香山）、西（龙门山）两山相互对峙，伊河从中间流过，远远望去就像一个天然门阙，因此自春秋战国以来，这里就获得“伊阙”的称呼。后来隋炀帝建都洛阳，因为宫城成门正对伊阙，古代帝王又以真龙天子自居，因此得名“龙门”。

龙门自古为险要关隘，交通要冲，向为兵家必争之地。因山清水秀，环境清幽，气候宜人，被列入洛阳八大景之冠，唐代大诗人白居易曾说：“洛都四郊，山水之胜，龙门首焉。”此处素为文人墨客观游胜地；又因石质优良，宜于雕刻，故而古人择此而建石窟。这里青山绿水、万象生辉，伊河两岸东西山崖壁上的窟龛星罗棋布、密如蜂房。龙门石窟开凿于魏孝文帝

龙门石窟

迁都洛阳之际（494），之后历经东魏、西魏、北齐、隋、唐、五代、宋等朝代400余年的营造，其中北魏和唐代大规模营建有140多年，从而形成了南北长达1公里、具有2300余座窟龛、10万余尊造像、2800余块碑刻题记的石窟遗存。在龙门的所有洞窟中，北魏洞窟约占30%，唐代洞窟占60%，其他朝代的仅占10%。

龙门石窟是北魏、唐代皇家贵族发愿造像最集中的地方，是皇家意志和行为的体现，具有浓厚的国家宗教色彩。两朝的造像反映出迥然不同的时代风格，北魏造像在这里失去了云冈石窟造像粗犷、威严、雄健的特征，而生活气息逐渐变浓，趋向活泼、清秀、温和。这些北魏造像，脸部瘦长，双肩瘦削，胸部平直，衣纹的雕刻使用平直刀法，坚劲质朴。在北魏时期雕凿的众多洞窟中，以古阳洞、宾阳中洞和莲花洞、石窟寺这几个洞窟最有代表价值。其中古阳洞集中了北魏迁都洛阳初期的一批皇室贵族和宫廷大臣的造像，典型地反映出北魏王朝举国崇佛的历史情态。这些形制瑰异、琳琅满目的石刻艺术品，是中国传统文化与域外文明交汇融合的珍贵记录。

北魏雕像特点是体态修长，面容清瘦。在北魏时期雕凿的众多洞窟中，以古阳洞、宾阳中洞和莲花洞、石窟寺这几个洞窟最有代表的价值。其中古阳洞集中了北魏迁都洛阳初期的一批皇室贵族和宫廷大臣的造像，典型地反映出北魏王朝举国信佛的历史情态。公元495年魏宗室丘慧成开始在龙门山开凿古阳洞，500—523年魏宣武帝、魏孝明帝连续开凿宾阳洞的北中南三个大石窟，还开凿了药方洞和东魏时开凿的莲花洞等石窟。

古阳洞是龙门石窟中开凿最早、内容最丰富的一座，也是北魏时期的另一代表洞窟。古阳洞中有很多佛龛造像，这些佛龛造像多有题记，记录了当时造像者的姓名、造像年月及缘由，这些都是研究北魏书法和雕刻艺术的珍贵资料。中国书法史上的里程碑“龙门二十品”，大部分集中在这里。“龙门二十品”代表了魏碑体，字体端正大方，气势刚健有力，是龙门石窟碑刻书法艺术的精华，历来为世人所推崇。

唐朝雕像的特点是脸部丰满圆润，体现唐朝以丰腴为美的审美时尚。龙门石窟造像最盛期是在唐朝，唐朝雕造的石窟数量占所有石窟总数的60%以上。武则天执政时期开凿的石窟占唐代石窟的多数。奉先寺是最具有代表性的唐窟，主佛卢舍那总高17.14米，头高3米，耳长1.9米，是龙门石窟中最大的佛像。卢舍那在佛经里面的意思是光明遍照。卢舍那大佛面容丰满，嘴角微翘，呈微笑状，头部稍低，略作俯视态，睿智而慈祥，令人敬而不惧。有人评论说，在塑造这尊佛像时，把高尚的情操、丰富的感情、开阔的胸怀和典雅的外貌完美地结合在一起，因此，具有巨大的艺术魅力。奉先寺规模最宏大，艺术最精美，寓意最深刻，代表性最强，是龙门石窟中的核心石窟。唐代龙门石窟的重点洞窟中，以规模宏伟、气势磅礴的大卢舍那像龛群雕最为著名。这座依据《华严经》雕凿的摩崖式佛龛，以雍容大度、气宇非凡的卢舍那佛为中心，用一周极富情态质感的美术群体形象，将佛国世界那种充满了祥和色彩的理想意境表达得淋漓尽致。这组雕像体现了大唐帝国强大的物质力量和精神力量，显示了唐代雕刻艺术的最高成就。

北魏时期人们崇尚以瘦为美，所以，佛雕造像也追求秀骨清像式的艺术风格。而唐代人们以胖为美，所以唐代佛像的脸部浑圆，双肩宽厚，胸部隆起，衣纹的雕刻使用圆刀法，自然流畅。龙门石窟的唐代造像继承了北魏的优秀传统，又汲取了汉民族的文化，创造了雄健生动而又纯朴自然的写实作风，达到了佛雕艺术的顶峰。

龙门石窟与武则天

在武则天持国前期，武氏为了扩大她在全国的政治影响，运用权术，挟持高宗，打击异己，一步步掌握了李唐江山的重权。为了巩固其地位，她结缘佛法，广建庙宇，大造佛像，树立自己的形象和威望以示世人。翻开龙门石窟这本厚重的历史文集，可以看到武则天攀登权位的足迹。

永徽六年（655），武则天为了取得后位，百般设法离间高宗和王皇后。在废后问题上，宫廷大臣们形成了严重的分歧：握有大权的国舅太尉长孙无忌和顾命大臣褚遂良等坚决反对把武则天立为皇后；而武则天拉拢了一批长期受长孙无忌党羽排斥的人，形成了一股新的政治势力，加紧争夺后位的步伐。开国功臣李勣在回答高宗征求意见时说："此陛下家事，何必更问外人？"中书舍人李义府更上表奏请高宗废王皇后，立武昭仪为皇后。礼部尚书许敬宗也宣言于朝曰："田舍翁多收十斛麦，尚欲易妇，况天子欲立后，何豫诸人事而妄生异议！"正是在这些人的积极支持下，高宗才下决心废掉了王皇后，实现了武则天为皇后的梦想。从此，武则天掌握了宫中大权并开始参政，正是在这激烈的立后斗争中，武则天网罗了一批庶族地主阶级，形成了一股不可阻挡的势力。她入后宫的成功，已打开了扩大个人社会影响的大门。为了巩固地位，她精心选定了宗教神学作为助业的工具。在龙门石窟较早涉及武后其人佛教功德窟有咸亨四年（673）在宾阳北洞南壁壁基造的阿弥陀佛造像一铺，龛侧造像题词文曰："大唐咸亨四年四月/日将作监丞牛懿德/奉为皇帝皇后/皇太子并诸王国戚/敬造阿弥陀佛一龛/势至观音菩萨二龛。"它反映了武氏专宠后宫数年，已经在唐朝宫廷中下级官僚阶层内部享有一定的政治影响，以致牛懿德在礼敬皇上的同时，还念念不忘皇后的功德。说明咸亨时代武氏在李唐社会内部的特殊地位及在朝廷内外有着不凡的声望。

当武氏在李唐朝廷中占有了牢固的政治地位后，唐代佛教逐步走上了与武则天大规模接触的阶段，龙门石窟用工最大的一组群雕是大卢舍那像龛，这一项重大的佛教艺术工程，倾注了武则天的心血，在本尊卢舍那佛须弥座两侧各有造像题记一品，其北侧一品碑文略云："河都上都龙门山之阳/大卢舍那佛龛记/颖昌舞水沈隐道镌政和六年四（月）一日到此上石。""大唐高宗天皇大帝之所建也佛身通光座高八十五尺二菩萨七十尺/迦叶阿难金刚神王各高五十尺以咸亨三年壬申之岁四月一日/皇后武氏助脂粉钱二万贯奉敕检校僧西京实际寺善道禅师法/海寺主惠昧法师大使司农寺卿韦机副使东面监上柱国樊玄则支料/匠李君瓒成仁威姚师积等至上元二年乙女十二月三十日成调露元/年已卯八月十五日奉敕于大像南置大奉先寺简名高僧行解兼/各者二七人阙即续填创基住持范法英律而为上首至二年正月十五/日大帝书额前后别度僧一十六人并戒行精勤住持为务……相好希有鸿颜无匹大慈大悲如月如日瞻容垢尽祈诚愿/牛卓正教东流七百余栽（佛）龛功德唯此为最。"

据《旧唐书》卷六《则天皇后本纪》记载，帝（高宗）自显庆已后，多苦风疾，百司奏表，皆委天后详决，自此内辅国政数十年，威势与帝无异，当时称为"二圣"。此时武后已掌握了李唐江山的重权，威势与高宗并驾齐驱。而这个时期正是大兴雕凿卢舍那像龛的时候，武则天又注脂粉钱二万贯以示关注。在皇帝、皇后的特别关爱下，大卢舍那像龛气势磅礴，蔚为壮观，显示出与武则天非同寻常的关系。

“龙门二十品”

“龙门二十品”指选自龙门石窟中北魏时期的二十方造像题记，其称呼最早见于清代康有为所著的《广艺舟双楫》和方若所著的《校碑随笔》。它的书法艺术是在汉隶和晋楷的基础上发展演化，从而形成了既兼隶书格调，又孕楷书因素的独特风格，是北魏时期书法艺术的精华之作，“魏碑”体的代表。

龙门石窟中有很多碑刻题记，经过历朝的推崇，到清代中期，人们从这2800多块题记中，精选出了20块有代表性的作品，成为“龙门二十品”，其中十九品在古阳洞中。“龙门二十品”是北魏时期书法艺术的精华之作，字形端正大方，上承汉隶，下开唐楷，在中国书法艺术上占有重要地位，被视为国宝。

龙门石窟延续时间长，跨越朝代多，所处地理位置优越，自然景色优美，这是许多石窟难以比拟的。但至今千年历史，历朝历代均遭到不同程度的破坏，大多数佛像的头部均遭到破坏，难以见得其面部神韵。卢舍那大佛双臂被人砸去，难以见具整体造型，但剩下的部分足以说明其艺术水平之高超、神态之曼妙。

截膝地獄

第五章

潮湿大地上的印记

佛教的南方之路

学者蔡俊士认为：三国西晋时期的青瓷谷仓罐造型复杂，装饰奇巧，堆贴着人物、飞鸟、走兽，以至亭阙和佛像等多种不同的塑像内容。这些青瓷谷仓罐佛像的出现，表明这一时期佛教在社会上的影响和佛教艺术在南方的传播路线。

众所周知，先有佛教，后有佛像。早期佛教造像在南方传播的主要途径有这样几条；由中印度通过交趾传入，行经广西、湖南至湖北武昌，沿长江东下建业而至吴（县）、会（稽）;或由中印度经缅甸，再经过所谓“西南丝绸之路”，进云南，入四川，沿长江东下建业而至吴、会，然后北上镇江、广陵（扬州）而达苏北、鲁南。

2001 年，重庆丰都县槽房沟出土覆斗形陶摇钱树座及摇钱树残片，残片中有一汉式衣帽的“铜佛形象，为摇钱树的一部分，残。头后应有硕大的项光，火焰状发饰，高肉髻，蒙古人种面形，无口髭，圆领，袒右肩，右手施无畏印，左手提袈裟，下部残。残长 5 厘米”。最重要的是，摇钱树座阴刻有隶书“延光四年五月十日作”九字。此“铜佛形象”与 1986 年四川乐山西湖塘出土的立式施无畏陶俑（今藏乐山崖墓博物馆）的上半身如出一辙,可确定为佛教遗物。

1981 年 5 月，重庆忠县涂井卧马凼崖墓群出土有铜摇钱树，共 14 节，树干上均有人像，学者认为是佛像，考古学者定该崖墓为蜀汉墓。四川乐山麻浩墓佛教石刻造像，“端坐者图。刻一坐佛，通高 37 厘米。高内髻，头绕圆形顶光，身着通肩大衣，右手似作‘施无畏印’，左手似握大衣衣角，似结跏趺坐”“该墓年代上限当在东汉晚期”“坐佛的年代可能为蜀汉时期”。蜀汉时期的乐山麻浩墓、忠县涂井崖墓，没有出土有纪年的遗物，是考古学者的推断，也有学者认为是东汉。此外，绵阳何家山、什邡皂角乡及彭山、乐山柿子湾、宜宾黄塔山、西昌等地也发现了东汉末及蜀汉时期的具有佛教性质的遗物。

丰都槽房沟佛教遗物，是巴渝地区乃至全国目前所发现的最早的有明确纪年的东汉佛教遗物，为巴蜀地区早期佛教的研究带来了重要信息。专家认为，槽房沟佛像的年代还早于文献有关佛像铸造的最早年代记载，而且其重要意义可能还在于把印度佛像的起源至迟上溯至 1 世纪。延光四年（125），在明帝后数十年。该摇钱树座与常见的摇钱树座不同，素面，无西王母之类的造型，纪年文字应是当年现刻上去的。早期佛教由北路传入中国时，教徒有僧人、商人等，其来中国，先至黄河流域。佛教入蜀，当在明帝之后，故其传入，应自长安、汉中方向来。秦汉时期，甘、陕至巴蜀通道，有阴平道、陈仓道、褒斜道、金牛（石牛）道、傥骆道、子午道、洋巴道、米仓道等，其中以褒斜道、金牛道一线为最重要之通道。《三国志・魏书・曹真传》:“真以八月发长安，从子午道南入。”《陈群传》:“太和中，曹真表欲数道伐蜀，从斜谷入。”《史记・货殖传》:“巴蜀……栈道千里，无所不通。唯褒斜绾毂其口。”东汉永平六年（63）曾整修褒斜道。此乃“大路”，佛教入蜀，大致应经上述路线，过米仓山西七盘关至广元明月峡，南下昭化，过剑门关，至绵阳、什邡、成都等。绵阳、什邡、成都、彭山、乐山在盆地西部边缘——青藏高原东部边缘的“山脚”下——北、南方向的直线上，不在阿坝至青海的路线上。

成都平原是富庶之地，文化、经济发达，佛教由汉中方向入蜀，自然先在川西发展。巴蜀与中原的联系，毕竟比与云南的联系要密切得多。巴渝地区是偏远山区，文化、经济落后，佛教传入晚于川西。巴渝地区有三峡水路，而由此路入巴渝是艰难的，峡区陆路亦艰难，荆州佛教晚于巴渝，故早期佛教由荆州西渐巴渝是不可能的。

三国鼎立对峙，战事频繁，不利于佛教传播。北方、吴地佛教难以正常入蜀，所以蜀地早期佛教不如北方、吴地发达。正因为三国鼎立，所以蜀地早期佛教应是东汉中期入蜀并在巴蜀缓慢发展。

川西佛教的东渐，水路交通起了重要的作用。丰都、忠县在长江沿岸。重庆境内长江南北的偏远地区佛教事业皆晚于长江沿线地区，如《南川县志·佛教》(1991 年版)说“佛教在隋唐时期传入南川”。尽管有学者认为乐山麻浩墓、忠县涂井崖墓等为蜀汉时期，但丰都有纪年的佛教遗物证明了至迟在延光期间佛教已传入巴渝地区，故将佛教初入巴蜀地区的时间定在明帝之后的东汉中期应无问题。《蜀中名胜记·浦江县》引《纪胜》云：“南十五里，莫佛镇，相传汉文帝时有莫将军征西南夷归而学佛于此。”

四川、重庆早期佛教遗物主要发现于墓葬之中，乐山有墓室石刻造像，而墓室不是教徒顶礼膜拜的地方。东汉、蜀汉墓出土的随葬品“摇钱树”陶座及树上的佛像，也不是教徒顶礼膜拜之物。但它们出现在墓葬中，应是祈祷神灵保佑、“侍死如侍生”的表现。丰都、忠县的佛教遗物是迄今为止巴渝地区发现的仅有的两件早期佛教遗物。目前有关巴蜀地区早期佛教的出土文物还太少。

诸种志书有关于巴蜀地区早期佛教及建佛寺的记载：成都石犀寺（即圣寿寺、石牛寺），明天启《成都府志·祠庙》、清嘉庆《四川通志·寺观》皆谓建于汉代。大邑有雾中山寺，即开化寺，明人杨慎撰《开化寺碑》：“至汉永平十六年始建（寺），住持则摩腾、法兰两尊者。”《四川通志·寺观》：三台“香林寺，……东汉年间建。”《江津县志·宗教》(1995 年版)：“据板桥（今茨坝乡）妙胜寺明崇祯年间所立碑记载，该庙建于汉代，其时佛教传入江津。”《蜀中名胜记·忠州》引“《志》云:东北三十里,大成寺,汉初平(190—193)建。”《忠县志·佛教》(1994年版):“相传，佛教在东汉开始传入忠县，永平年间(58—75)忠县就修有佛教寺庙——龙兴寺,为国内兴建得较早的一批佛教寺庙之一。”东汉中晚期、蜀汉早期巴蜀不会有“佛寺”，出土的东汉画像砖、石等也无“佛寺”形象。诸志书、寺碑记等谓某地佛寺初建时间在东汉明帝永平(58—75年)年间，此乃沿袭长期以来流传的明帝永平年间因梦见佛陀而派人至西域求法之说，而佛教传入巴蜀地区应在明帝之后。桓帝延熹间(158—167年)北方建的是“浮图祠”,而当时人们心目中的“浮屠”尚且与黄老无大异,“宫中立黄老、浮屠之祠”，并行祭祠，更莫言此时蜀中建“佛寺”。志书将某佛寺的建立附会到早期佛教入蜀的时期了,臆想有佛教就有佛寺。寺志的撰写,其依据是寺碑记、僧人传等。方志中“佛教”的撰写，也是依据寺志、寺碑记、僧人传等，往往是照抄。寺志、方志记载的可信程度，要根据考古发现及可靠的历史文献来决定。笔者认为，巴蜀地区佛寺的出现当在蜀汉晚期，但很少。《蜀中名胜记·云阳县》引李焘《曲水留题》云:“岩巅有永和三年(138)及六年刻字十五六行,剥落已不可读,细辨其文,但昔人捐金以事仙佛,识金数于石耳,殆非禊饮处也。好事者因年号，遂增饰之，当时必置屋庐像设。”“仙佛”“屋庐像设”，可见当时巴渝地区佛教信徒将黄老、浮屠并行祭祠，宋人李焘的分析是对的，是重要的巴渝早期佛教史料。荆州地区佛寺的建立，据《嘉庆重修一统志·荆州府·寺观》记载，最早为三国时期，如宜都传庆寺、石首吴封寺，皆为“三国吴建”;枝江县在长江边，据《枝江县志》云，该县最早的佛寺为唐代建。而巴蜀志书多谓某寺东汉或永平建，虽夸张了些，但有可能荆州地区早期佛寺的建立比巴蜀地区略晚,吴政权据荆州时,佛教影响到该地区。可以这样理解,佛教由长安、汉中方向入蜀，比吴地佛教西渐荆州时间稍早。

大足石刻

源于古印度的石窟艺术自公元 3 世纪传入中国后，分别于公元 5 世纪和 7 世纪前后（魏晋至盛唐时期），在中国北方先后形成了两次造像高峰，但至公元 8 世纪中叶（唐天宝之后）走向衰落。于此续绝之际，位于长江流域的大足县境内摩崖造像异军突起，从公元 9 世纪末至 13 世纪中叶（中国晚唐景福元年至南宋淳祐十二年）建成了以“五山”摩崖造像为代表的大足石刻，形成了中国石窟艺术史上的又一次造像高峰，从而把中国石窟艺术史向后延续了 400 余年。此后，中国石窟艺术停滞，其他地方未再新开凿一座大型石窟，大足石刻也就成为中国后期石窟艺术的绝唱。

以北山、宝顶山、南山、石篆山、石门山（简称“五山”）摩崖造像为代表的大足石刻是中国石窟艺术重要的组成部分，也是世界石窟艺术中最为壮丽辉煌的一页。1999 年 12 月 1 日，大足石刻被联合国教科文组织列入《世界遗产名录》，被认为符合下列三条标准：第一，大足石刻是天才的艺术杰作，具有极高的艺术、历史和科学价值；第二，佛教、道教、儒教造像能真实地反映当时中国社会的哲学思想和风土人情；第三，大足石刻的造型艺术和宗教哲学思想对后世产生了重大影响。大足石刻始建于公元 650 年，兴盛于公元 9 世纪末至 13 世纪中叶，余绪延至明、清，是中国晚期石窟艺术的代表作品。“五山”摩崖造像以规模宏大，雕刻精美，题材多样，内涵丰富，保存完整而著称于世。

大足石刻

以集释（佛教）、道（道教）、儒（儒家）“三教”造像之大成而异于前期石窟。以鲜明的民族化、生活化特色，在中国石窟艺术中独树一帜。以大量的实物形象和文字史料，从不同侧面展示了中国石窟艺术风格及民间宗教信仰的重大发展、变化，对中国石窟艺术的创新与发展有重要贡献，具有前期各代石窟不可替代的历史、艺术、科学和鉴赏价值。

大足石刻是继敦煌之后第二个被列入《世界遗产名录》的中国石窟。作为一种以佛教内容为主的宗教艺术，作为中国晚期石窟艺术的代表，大足石刻以其丰富的思想内涵，广泛的造像题材，精美的雕刻工艺，科学的艺术手段，独特的处理方法，浓郁的生活气息和典型的民族艺术风格，而成为中国石窟艺术史上最后一座亮丽丰碑，同时也成了公元 9 世纪至 13 世纪中叶，世界石窟艺术史上最为壮丽辉煌的篇章。

大足石刻所在的中国西南部重庆市大足县素有“石刻之乡”的美誉，这里汇集了大大小小近百处石刻造像群，最繁荣时期，上百座寺庙同时存在，而且香火旺盛。大足石刻最初开凿于初唐永徽元年（650），历经晚唐、五代（907—960），盛于两宋（960—1279），明清时期（14—19 世纪）亦有所增刻，最终形成了一处规模庞大，集中国石刻艺术精华的石刻群。

大足石刻群共包括石刻造像 70 多处，总计 10 万余尊，其中以北山、宝顶山、南山、石篆山、石门山五处最为著名和集中。北山石刻位于大足县城西北 2 公里处，始刻于唐景福元年（892），至南宋绍兴年间（1162）结束，共有摩崖造像近万尊。造像题材共 51 种，以当时流行的佛教人物故事为主，雕刻精细、

大足石刻

大足石刻

技艺高超、俊美典雅，展示了中国公元 8 世纪至 14 世纪时，民间佛教信仰及石刻艺术风格的发展变化。

宝顶山石刻位于大足县城东北 15 公里处，始刻于南宋淳熙六年（1179），至南宋淳祐九年（1249）结束，共有摩崖造像近万尊，题材主要以佛教密宗故事人物为主，整个造像群宛若一处大型的佛教圣地，展现了中国宋代石刻艺术的精华。宝顶山摩崖造像为南宋密宗一代大阿闍黎赵智凤以弘扬佛法，教化众生为宗旨，尽毕生之力，惨淡经营 70 余年营建而成的，系中国唯一的一处大型佛教密宗曼荼罗。这个曼荼罗纵横 5 里，多达 13 处，除大佛湾之外，还有龙潭沟、龙头山、对面佛等。

南山石刻位于大足县城东南，始刻于南宋（1127—1279）时期，明清两代亦稍有增补。南山石刻共有造像 15 窟，题材主要以道教造像为主，作品刻工细腻，造型丰满，表面多施以彩绘。南山石刻是现存中国道教石刻中造像最为

大足石刻

集中、数量最大、反映神系最完整的一处石刻群。

石篆山石刻位于大足县城西南 25 公里处，始刻于北宋元丰五年（1082），至绍圣三年（1096）结束。造像崖面长约 130 米，高约 3 米—8 米，共 10 窟，是中国石窟中典型的佛、道、儒“三教”结合造像群。

石门山石刻位于大足县城东 20 公里处，始刻于北宋绍圣元年（1094），至南宋绍兴二十一年（1151）结束。凿刻有造像的崖面全长约 72 米，崖高 3 米—5 米，共 16 窟。题材主要为佛教和道教的人物故事，此外还包括造像记、碑碣、题刻等。作品造型丰满，神态逼真，将神的威严气质与人的生动神态巧妙结合。源于古印度的石窟艺术自公元 3 世纪传入中国后，分别于公元 5 世纪和 7 世纪前后（魏晋至盛唐时期），在中国北方先后形成了两次造像高峰，但至公元 8 世纪中叶（唐天宝之后）走向衰落。

大佛湾的摩崖造像是宝顶山石刻艺术精华之所在。在三山石岩相连的一个马蹄形山湾内，刻着长达五百米的宗教艺术画廊。造像以山形取势，巨龛相连，蔚为壮观。这里的造像都经过了赵智凤周密的构思和设计，先雕凿出一个小佛湾作为蓝本，然后再统一布局、施工，在大佛湾扩大雕造。在这里，佛教教义被连环画式的石刻通俗地图解着、昭示着。一组组表现佛教人生观、世界观、修持方法以及儒家伦理、理学心性的大型高浮雕巨龛相连，气势磅礴，形成一个逻辑严密的体系。有人称它是“几乎将一代大教收罗毕尽”。其造像题材不重复，构图严谨有序，图文相间，而且表现手法朴实无华，自然生动，将深奥的佛教义理通过活生生的艺术形象和风俗情节体现出来。观看之人不仅可以从中阅读到佛教教义，还能从中领略宋代的世俗社会、家庭生活和精神风貌。

古代的艺术家们在造像施工的过程中，非常巧妙地糅进了力学、光学、透视学等科学原理，充分利用岩石、水源等自然条件，因地、因材而施艺。他们超人的智慧和巧夺天工的技艺，使这些珍贵的宗教文化遗产虽然经历了八百多年的历史创伤和自然风化，却仍然闪烁着古代物质和精神文明的光辉，启迪和激励着人们向民族精神和艺术智慧的新高峰攀登。

大足石刻把中国石窟艺术史向后延续了四百余年。此后，中国石窟艺术停滞，其他地方未再新开凿一座大型石窟，大足石刻也就成为中国石窟艺术建设史上最后的一座丰碑。

白马寺的意义

说起中国佛教的发展，白马寺是一个节点。

北依邙山，南临洛水，宝塔高耸，殿阁峥嵘，长林古木，肃然幽静。白马寺占尽了古都洛阳的风水。

而在它的东面不远处，蒿榛丛莽的古城垣，依然断断续续逶迤在伊洛平原之上，勾勒出东汉洛阳城佛教圣地的大气象。

这一切，似乎都暗藏着启示。

寺庙是中国佛教建筑之一。起源于印度的寺庙建筑，从北魏开始在中国兴盛起来。据《洛阳伽蓝记》记载，北魏首都洛阳内外有一千多座寺庙。唐朝诗人杜牧的《江南春》曰："南朝四百八十寺，多少楼台烟雨中。"可见南朝寺庙之多。中国寺庙建筑有意将内外空间模糊化，讲究室内室外空间的相互转化。殿堂、门窗、亭榭、游廊均开放侧面，形成一种亦虚亦实、亦动亦滞的灵活的通透效果，所蕴含的空间意识模糊变幻，这与中国天人合一、阴阳转化的宇宙观有深层联系。所以，中国寺庙建筑群才会有那么多的室外空间，它并不把自然排斥在外，而是纳入其中，"深山藏古寺"，讲究内敛含蓄。主动将自己和自然融合在一起，实际上是另一方式的自我肯定：寺既藏于深山，也就成了深山的一部分。"托体同山阿"，建筑与自然融为一体，正是天人合一的体现，这就是中国的寺庙常选址于名山幽林之故。

高山大川、密林秀壑，这在绵延的时间中流动的绘画美，以理智的入世精神排斥了非理性的迷狂，使寺庙这样的建筑超越的神秘与普遍的人性并存。

中国佛寺不论规模地点，其建筑布局是有一定规律的：平面方形，以山门殿—天王殿—大雄宝殿—本寺主供菩萨殿—法堂—藏经楼这条南北纵深轴线来组织空间，对称稳重且整饬严谨。

沿着这条中轴线，前后建筑起承转合，宛若一曲前呼后应、气韵生动的乐章。中国寺庙的建筑之美就响应在群山、松柏、流水、殿落与亭廊的相互呼应之间，含蓄温蕴，展示出组合变幻所赋予的和谐、宁静及韵味。在建筑格局上有很深的阴阳宇宙观和崇尚对称、秩序、稳定的审美心理。

中国佛寺正是融合了中国特有的祭祀祖宗、天地的功能，仍然是平面方形、南北中轴线布局、对称稳重且整饬严谨的建筑群体。此外，园林式建筑格局又极富自然情趣，且意境深远。

雨中的白马寺

白马寺，不仅是中国的第一座佛教建筑，而且是最有价值、影响力最大的现存佛教建筑之一。自白马寺创建以来，佛教建筑发展迅速。在漫长的岁月中，随着社会的变迁，白马寺不断地演变与发展，逐渐与中国的传统文化相互融合，

白马寺

形成了一种独特的建筑形式。

在佛教文化的背景下，沿着白马寺的发展历史过程，我们可以看清从佛教的传入、佛教文化与中国文化的融合下佛寺建筑的诞生，到各朝各代历史文化特色影响下白马寺形制的演变。

在白马寺的建筑环境中，既可以看到佛教文化的影响，也可以领略中国传统文化的内涵。白马寺从不同角度体现了注重建筑与环境之间结合的理念。白马寺的建筑与环境在主要服务于功能的需要和宗教气氛的营造的前提下，做到互相结合、互相制约又互相衬托，达到了良好的协调与统一。同时作为佛教建筑的代表，白马寺的建筑与环境也都有各自的特点。

白马寺创建于东汉永平十一年（68），古称金刚崖寺，号称“中国第一古刹”，是佛教传入中国后第一所官办寺院，有中国佛教的“祖庭”和“释源”之称。“释源”即佛教之发源地，“祖庭”即祖师之庭院。它对佛教在中国的传播和发展，对促进中外思想文化交流和发展各国人民的友谊，发挥了重要作用的。

白马寺的营建与中国佛教史上著名的“永平求法”紧密相连。相传汉明帝刘庄夜寝南宫，梦金神头放白光，飞绕殿庭。次日得知梦为佛，遂遣使臣蔡音、秦景等前往西域拜求佛法。蔡、秦等人在月氏（今阿富汗一带）遇上了在该地游化宣教的天竺（古印度）高僧迦什摩腾、竺法兰。蔡、秦等于是邀请佛僧到中国宣讲佛法，并用白马驮载佛经、佛像，跋山涉水，于永平十年（67）来到京城洛阳。汉明帝敕令仿天竺式样修建寺院。为铭记白马驮经之功，遂将寺院取名“白马寺”。白马寺坐北面南，总面积二百余亩，其主体建筑有：天王殿、大佛殿、大雄殿、接引殿、毗卢阁五层殿堂及中国第一释迦舍利塔。白马寺建筑规模雄伟，现在的布局为明嘉靖时重修。山门东西两侧有迦叶摩腾和竺法兰二僧墓。后院毗卢阁内的断文碑，刻有白马寺的历史，是寺内重要古迹，所传唐经幢（读床）、元碑刻都有较高的艺术价值。寺内原来还出土了玉石雕刻的弥勒佛像，但已被盗往美国。各殿内的佛像大多是元代用干漆制成的，特别是大雄宝殿的佛像，是洛阳现存最好的塑像。

现存白马寺坐北朝南，为一长方形的院落，总面积约 6 万平方米左右。门前有宽阔的广场。寺内的主要建筑，都分布在由南向北的中轴线上。前后有五座大殿，依次为天王殿、大佛殿、大雄殿、毗卢阁，东西两侧分别有钟、鼓楼，斋堂、客堂，禅堂、祖堂，藏经阁、法宝阁等附属建筑，左右对称，布局规整。山门前的这两匹石马，通高 1.8 米，身长 2.2 米，形象温驯，雕工圆润。

神奇的白马寺，就这样镶嵌于中国佛教寺的辉煌篇章之中，熠熠生辉，光芒万丈。

参考文献

〔1〕敦煌文物研究所 . 敦煌研究文集［M］. 兰州：甘肃人民出版社，1982.

〔2〕《吐鲁番市志》编纂委员会 . 吐鲁番市志［M］. 乌鲁木齐：新疆人民出版社，2002.

〔3〕《库车县志》编纂委员会 . 库车县志［M］. 乌鲁木齐：新疆大学出版社，1993.

〔4〕拜城县史志编纂委员会 . 拜城县志［M］. 乌鲁木齐：新疆人民出版社，2004.

〔5〕宿白 . 中国石窟寺研究［M］. 北京：文物出版社，1996.

〔6〕彭明浩 . 云岗石窟的营造工程［M］. 北京：文物出版社，2017.

〔7〕宿白 . 中国佛教石窟寺遗迹——3 至 8 世纪中国佛教考古学［M］. 文物出版社，2010.

〔8〕马世长 . 中国佛教石窟考古文集［M］. 北京：商务印书馆，2014.

〔9〕(日) 治昭 . 吐峪沟石窟壁画与禅观［M］. 贺小萍，译 . 上海：上海古籍出版社，2009.

〔10〕李恒成 . 云冈石窟与北魏时代［M］. 太原：山西科学技术出版社，2005.